Carl Friedrich von Weizsäcker

Bedingungen
der Freiheit

Reden und Aufsätze
1989–1990

Carl Hanser Verlag

ISBN 3-446-16047-7
Alle Rechte vorbehalten
© 1990 Carl Hanser Verlag München Wien
Umschlag: Nach einem Entwurf von Klaus Detjen
Foto: Isolde Ohlbaum
Gesamtherstellung: Ludwig Auer GmbH, Donauwörth
Printed in Germany

»Unter den Aufgaben für Menschheit, Kulturkreis, Nationen, Umwelt, Wirtschaft, Gesellschaft ist keine, die nicht im Prinzip in gemeinsam betätigter Vernunft der Menschen gelöst werden könnte. Aber kaum taucht ein so ungeheurer Anspruch in unseren Gedanken auf, so erkennen wir: Die heutige Bewußtseinslage der Menschheit ist zu solch vernünftigem Handeln nicht imstande. Warum? Welcher Bewußtseinswandel wäre nötig? Ich weiß nur eine Antwort: Wahrnehmung der Vernunft bedarf eines tragenden Affektes, um zum entschlossenen Handeln zu führen. Für die Aufgaben der menschlichen Gemeinschaft weiß ich nur einen hinreichenden Namen für diesen Affekt, den alten Namen der Nächstenliebe.«

Carl Friedrich von Weizsäcker, geboren 1912 in Kiel, war Professor für theoretische Physik an den Universitäten Straßburg und Göttingen, von 1957 bis 1969 für Philosophie an der Universität Hamburg. Von 1970 bis 1980 war er Direktor des Max-Planck-Instituts zur Erforschung der Lebensbedingungen der wissenschaftlich-technischen Welt. Sein Werk im Carl Hanser Verlag: *Der Garten des Menschlichen* (1977, 8. Aufl. 1984), *Der bedrohte Friede* (1981, 4. Aufl. 1983), *Wahrnehmung der Neuzeit* (1983, 5. Aufl. 1984), *Aufbau der Physik* (1985, 2. Aufl. 1986), *Die Zeit drängt* (1986), *Bewußtseinswandel* (1988). Er hat zuletzt gemeinsam mit Hellmut Glubrecht, Ruth Grosse, Götz Neuneck und Utz-Peter Reich das Sammelwerk *Die Zukunft des Friedens in Europa* (1990) herausgegeben.

Liebet eure Feinde! Segnet, die euch fluchen! Tut wohl denen,
die euch hassen!   Matth. 5.44

Sire – Geben Sie Gedankenfreiheit!
                              Schiller, Don Carlos, III.10

Inhalt

Vorwort

Dieses Buch enthält sieben Texte, die in der Zeit zwischen dem Februar 1989 und dem März 1990 entstanden sind; fünf Reden und zwei Zeitungsaufsätze.

In diese knapp mehr als zwölf Monate fällt das wohl größte politische Ereignis in Europa seit 1945: die gewaltlose Revolution der Freiheit in sechs Ländern des östlichen Teils des Kontinents. In dieselbe Zeit fällt ein weniger spektakulärer kirchlicher Prozeß: die europäische ökumenische Versammlung für Frieden in Gerechtigkeit in Basel im Mai 1989 und die Weltversammlung für Gerechtigkeit, Frieden und Bewahrung der Schöpfung in Seoul (Korea) im März 1990. Mit beiden Vorgängen war ich verbunden, und alle sieben Texte beziehen sich direkt oder indirekt auf sie.

Die Texte sind hier in ihrer zeitlichen Reihenfolge abgedruckt. Einige einleitende und abschließende, auf den jeweiligen speziellen Anlaß bezogene Passagen der Reden sind im Haupttext fortgelassen und z. T. in den Herkunftsnachweisen am Schluß des Buches abgedruckt. Damit wird das Buch eine Stellungnahme zu den Problemen Europas und der Welt, um die es in der Revolution der Freiheit und im kirchlichen Prozeß ging.

Da jeder der Texte so verfaßt war, daß er für sich allein verständlich sein sollte, sind Wiederholungen beim gemeinsamen Abdruck unvermeidlich. Der Leser wird gebeten, dies zu entschuldigen und redundante Partien zu überspringen. Vielleicht ist es eine Hilfe, wenn ich den Zusammenhang zwischen den Texten hier kurz erläutere. Dabei mag ein Blick auf das Inhaltsverzeichnis nützlich sein.

Der Zufall der Zeitfolge ordnet die Texte in einer gewissen Spiegelungssymmetrie an.

Der erste und der letzte Vortrag sind Versuche, jeweils – um ein Jahr auseinanderliegend – die großen heutigen Probleme der Menschheit im Zusammenhang zu betrachten. Die Einteilung dieser Probleme in die drei Gruppen: Friede, soziale Gerechtigkeit, Schutz der Natur ist der Thematik des kirchlichen Prozeßes entnommen. Die beiden Vorträge versuchen aber eine möglichst rein politische Analyse. Zeitlich getrennt sind sie durch die zwischen ihnen eingetretene europäische Revolution der Freiheit. Die Probleme außerhalb Europas sind in beiden sehr ähnlich dargestellt; sie haben sich in der Tat in einem Jahr nur wenig verändert. Der spätere Vortrag behandelt aber zusätzlich nun die nationalen Probleme der Sowjetunion und Deutschlands und die Auseinandersetzung zwischen Marktwirtschaft und Sozialismus.

Der zweite und der vorletzte (d. h. 6.) Text entstammen dem kirchlichen Prozeß. Die Basler Abschlußansprache wendet sich direkt an die anwesenden Menschen; der Aufsatz aus Seoul ist ein Rückblick und eine Erwägung dessen, was künftig im kirchlichen Prozeß geschehen sollte.

In der Mitte des Buchs (Nr. 4) steht die theologische Erwägung darüber, wie die weltlichen und die christlich-religiösen Fragen miteinander zusammenhängen. Dies führt, nach einer knappen Rekapitulation des politischen Problems, zur zentralen Frage des Verhältnisses der christlichen Tradition zur Aufklärung. Der Vortrag endet mit einem Ausblick auf die erst begonnene Begegnung der Religionen.

Nicht so symmetrisch stehen zueinander die verbleibenden zwei Texte: der Vortrag Nr. 3 über Schiller und Goethe und der Zeitungsartikel Nr. 5 über die heute notwendige »Marshall-Hilfe« für Osteuropa.

Der Vortrag über Schiller und Goethe spricht davon, welche Aufgaben in der deutschen Geistesgeschichte auf ihrem Gipfel um 1800 aus dem schon vollzogenen Ereignis der Aufklärung folgten; der Vortrag ist so gleichsam ein vertiefender Kommentar zum Vortrag »Theologie heute«.

Umgekehrt ist der Artikel über Hilfe zur Selbsthilfe ein

Text, der sich auf ein einziges, vordringliches Problem der nahen europäischen Zukunft konzentriert, kein Überblick, sondern eine dringende Aufforderung.

Ich danke herzlich all denen, die mir Gelegenheit zu diesen Reden und Aufsätzen gegeben haben. Ich danke dem Carl Hanser Verlag, und ich danke Frau Ruth Grosse für die treue Zusammenarbeit.

Starnberg, April 1990   C. F. v. Weizsäcker

1

Friede – Gerechtigkeit – Bewahrung der Schöpfung

Rede in Stuttgart im Februar 1989

Friede – Gerechtigkeit – Bewahrung der Schöpfung – das ist das Thema, über das heute zu sprechen mich die Theodor-Heuss-Stiftung gebeten hat.

Gerechtigkeit, Friede und Bewahrung der Schöpfung, so lautet das Thema der christlichen Weltversammlung, zu welcher der Ökumenische Rat der Kirchen für den März 1990 nach Seoul in Korea eingeladen hat. Die Formulierung des Themas stammt also aus dem religiösen, dem christlichen Raum. Die Theodor-Heuss-Stiftung hat ihre eigene Zielsetzung anläßlich ihrer ersten Preisverleihung, 1965, formuliert: »Vom rechten Gebrauch der Freiheit«. Die beiden Themen berühren sich nahe. Was wäre rechter Gebrauch der Freiheit wenn nicht Schaffung des Friedens in Gerechtigkeit und Rettung der Natur, in der wir leben? Aber Freiheit als Name eines Grundwerts menschlichen Zusammenlebens entstammt einem anderen Strang unserer abendländischen Tradition: der politischen Aufklärung, zumal des 18. Jahrhunderts. Jetzt, im Jahr 1989, erinnern wir uns an den großen Ausbruch der Hoffnung auf Freiheit vor zweihundert Jahren, in der Französischen Revolution. Ich selbst bin heute mit den kirchlichen Bemühungen um Frieden, Gerechtigkeit und Bewahrung der Schöpfung eng verbunden. Eben darum nehme ich mit Freuden die Gelegenheit wahr, dieses Thema einmal im Lichte der politischen Aufklärung zu erörtern.

Das Verhältnis zwischen Aufklärung und Religion war in unserer Geschichte nicht ohne Spannungen. Das große Pathos der politischen Aufklärung war, endlich das wirklich werden zu lassen, wozu sich die Christen durch zwei Jahrtausende bekannt haben, was sie aber, solange sie herrschten, nicht verwirklicht haben: Freiheit, Gleichheit, Brüderlichkeit. Die christliche Praxis ist unvollendet, so sahen die Aufklärer. Aber führte die Revolution zur Brüderlichkeit unter gleichen, freien Menschen? Führte sie nicht zur Errichtung neuer Klassenherrschaften: der Herrschaft der Besitzenden in der bürgerlichen, der Funktionäre in der sozialistischen Gesellschaft? Die Praxis der Aufklärung ist unvollendet, so sehen wir heute. Und diese Unvollendetheit erweist sich als lebensgefährlich. Was ist heute zu denken, was ist heute zu tun?

Was ist zu denken? Wohl der schönste Programmtext der politischen Aufklärung ist Kants späte Schrift *Zum ewigen Frieden*. In einem rechtlich geordneten Staat leben die Menschen, in Kants Ausdrucksweise gesagt, im bürgerlichen Zustand; die Staaten gegeneinander aber befinden sich noch im Naturzustand des Kampfs aller gegen alle. Den bürgerlichen Zustand zu schaffen, ist die Forderung der Vernunft. Kant unterscheidet Legalität, als Handeln gemäß dem Gesetz, von Moralität als Handeln aus Achtung vor dem Gesetz. Das Gesetz ist hier das Gebot der Vernunft: Handle so, daß die Maxime deines Handelns jederzeit zum Prinzip einer allgemeinen Gesetzgebung werden könne. Diese Unterscheidung von Legalität und Moralität ist vielleicht der größte Fortschritt der politischen Moral in der abendländischen Neuzeit. Moralität habe ich von mir selbst zu fordern und bei meinen Mitmenschen zu achten; über die Moralität meiner Mitmenschen zu richten, steht mir nicht zu. Über die Legalität unseres Handelns aber hat der irdische Richter zu befinden. Krieg als Institution, also organisierte Tötung der Träger anderer Interessen als derjenigen der jeweils eigenen Gruppe – Krieg als Institution kann nicht Prinzip einer menschheitsweiten Gesetzgebung sein. Krieg als Institution muß überwunden werden.

Was ist zu tun? Erlauben Sie mir, noch einmal zu erzählen, wie ich auf die Gedanken gekommen bin, von denen ich soeben rede. Meine erste Kindheitserinnerung liegt im Jahr

1915, übrigens hier in der Nähe von Stuttgart, auf der Solitude. Als Zwei- und Dreijähriger wußte ich: es ist Krieg. Die Männer sind irgendwo draußen, man sagt: an der Front. Ein fernes, unheimliches Donnern. Neben dem Schloß auf der Solitude ein Lazarett. Männer mit dicken Verbänden um den Kopf, Männer auf Krücken mit nur einem Bein; meine Mutter in Rote-Kreuz-Tracht. Zum politischen Denken erwachte ich in den zwanziger Jahren: der Konflikt der Großmächte, Arbeitslosigkeit, marschierende politische Formationen auf den Straßen Berlins. Im Januar 1929 ein Tagtraum in einer langweiligen Geschichtsstunde in der Schule: der Schnee, der draußen in schweren Flocken fällt, fällt auf Trümmer. Vierzehn Jahre später, 1943, sah Berlin so aus, wie ich es in jenem Tagtraum gesehen hatte.

Aber 1943 wußte ich schon etwas von der Zukunft. Im Januar 1939, jetzt vor 50 Jahren, hatte Hahn seine Entdeckung der Uranspaltung durch Neutronen publiziert. Bald nachher entdeckte Joliot, daß bei der Spaltung Sekundärneutronen freigesetzt werden. Jeder Kernphysiker mußte schließen, daß dann Kettenreaktionen, also Atombomben und Reaktoren, möglich werden würden. An dem Tag, an dem mir das klarwurde, ging ich zu meinem Freund Georg Picht, um die Konsequenzen zu bereden. Ich freue mich, ihn heute hier zu nennen: er war 1965 der erste Heuss-Preisträger. Wir zwei jungen Männer kamen damals zu dem Schluß: also muß die Menschheit die Institution des Kriegs überwinden oder die Menschheit wird nicht überleben. Denn wenn die Bombe möglich ist, wird sie gemacht werden. Und wenn die Bombe gemacht ist, dann wird sie eingesetzt werden. Und wenn sie eingesetzt ist, dann wird sie nicht wieder verschwinden. Leo Szilard drückte das in den fünfziger Jahren so aus: »Unser Problem ist nicht, wie wir die Bombe loswerden, sondern wie wir mit ihr leben.« Denn selbst wenn alle Atombomben vernichtet würden, bliebe das Wissen, wie die Bombe gemacht wird, in der Menschheit. »Mit der Bombe leben« heißt nicht: Politik wie bisher und dazu auch noch die Bombe. »Mit der Bombe leben« heißt: die politische Menschheitsstruktur so radikal verändern, daß für den Besitz und den Einsatz der Atombombe, ebenso biologischer, chemischer, hochtechnischer Waffen keine Gelegenheit mehr besteht. »Mit der Bombe leben« heißt, die Institution des Kriegs überwinden.

Es ist leicht zu behaupten, es sei unmöglich, den Krieg zu überwinden; man muß dann nur redlich hinzufügen, daß man damit auch sagt, die Menschheit des technischen Zeitalters habe keine Zukunft. In der Tat ist der dritte Weltkrieg heute noch möglich, durch menschliches oder technisches Versagen, durch Fehlkalkulation oder Panik. Aber es ist ein Irrtum zu meinen, der Krieg als Institution sei eine notwendige Folge der menschlichen Natur. Bewußtseinswandel, Verhaltenswandel ist eine Realität. Noch ein Stuttgarter Rückblick sei mir erlaubt. Der von Uhland besungene Graf Eberhard der Greiner, d. h. der Zänker, zog aus Stuttgarts Toren ins Wildbad, wo ihn seine Feinde überfielen; sein Sohn Ulrich fiel im Krieg gegen Reutlingen; in Heimsheim wurden die Führer des Ritterbundes der Schlegler überfallen und gefangengenommen. Möchten wir damals gelebt haben? Heutige Wahlkämpfe sind vielleicht nicht immer moralischer als ein Krieg zwischen Stuttgart und Reutlingen, aber sie sind näher der Legalität. Als Kind lernte ich noch, zum Glück nicht von meinen Eltern, Frankreich sei unser Erbfeind. Was wird man in siebzig Jahren über unsere heutigen Feindbilder sagen?

Mein heutiges Thema aber ist: was sind die konkreten Gründe unserer ungelösten Probleme, und was ist konkret zu tun? Friede – Gerechtigkeit – Natur.

Friede: Von den Konflikten unserer Jahrzehnte war der Ost-West-Konflikt, genauer der Konflikt zwischen Amerika und Rußland, der menschheitsweit gefährlichste und zugleich der sachlich überflüssigste. Er ist die heutige Gestalt der uralten Figur des Hegemoniekonflikts in einem technisch, wirtschaftlich, intellektuell der Einheit fähigen Kulturbereich; wie einst Rom und Karthago im Mittelmeer, die streitenden Könige im China der Zeit des Konfuzius, England und Frankreich im westeuropäischen Machtbereich, Österreich und Preußen in Deutschland. Der Bereich umfaßt heute den ganzen Planeten. Der ideologische Konflikt ist zwar real; über seinen Sachgehalt werde ich unter dem Titel »Gerechtigkeit« ein Wort sagen. Aber der ideologische Konflikt ist kein hinreichender Kriegsgrund. Er ist die Art, wie jede Seite im Hegemoniekonflikt sich das gute Gewissen verschafft. Und ein Hegemoniekonflikt kann auch durch Koexistenz gelöst werden. Was haben England und Frankreich dadurch verloren, daß sie nicht mehr gegeneinander Krieg führen?

In diesem Konflikt ist Amerika der Stärkere: wirtschaftlich völlig überlegen, technisch moderner, ideologisch bei allen Schwächen doch international überzeugender; zur militärischen Überlegenheit fähig, soferne es sich dazu entschließt. Die Sowjetunion hat nur militärisch im Wettlauf mithalten können, und zwar indem sie der Rüstung nach alter russischer Tradition die Priorität gab. Eben darum habe ich in diesem Konflikt seit sehr langer Zeit die achtziger Jahre mit der größten Sorge erwartet, in denen die russische Rüstung den ihr möglichen Gipfel erreichen und dadurch Amerika zu neuer Rüstung anspornen würde. Die heutige Entspannungsbewegung ist einem Sieg des gesunden Menschenverstandes in der Sowjetführung zu verdanken. Man muß hoffen, daß ihm gesunder Menschenverstand im Westen entgegenkommt.

Abrüstung ist eines der aktuellen Themen. Ich gestehe, daß ich bisher nie an Abrüstung als Weg zum Frieden geglaubt habe; Friede ist der Weg zur Abrüstung. Ich habe noch nie gesehen, daß Waffen, die man für militärisch wichtig hielt, freiwillig abgerüstet worden wären. Waren also die Mittelstreckenraketen militärisch wirklich so notwendig? Aber was heute zu sehen ist, ist das brennende wirtschaftliche Interesse der Sowjetunion an verminderten Rüstungskosten. Ich traue diesem Interesse, weil es so offenkundig einem gesunden Egoismus entspricht. Und der Eintritt in eine Verhandlungsphase ist immerhin ein Schritt zu einer akzeptierten Koexistenz, die am Ende mehr als ein langer Waffenstillstand wie bisher, die ein Friede wäre.

Zeitweilig noch wichtiger als Abrüstung ist, solange man einander nämlich nicht hinreichend traut, die defensive Umstrukturierung der Rüstung auf dem europäischen Kontinent. Es ist heute technisch möglich, konventionelle Rüstungssysteme zu entwickeln, die zum Angriff kaum, zur Verteidigung hervorragend geeignet sind. Hätte die Heuss-Stiftung in diesem Jahr so wie früher, im Zusammenhang mit dem Preis, Theodor-Heuss-Medaillen verliehen, so hätte ich insistiert, daß eine solche Medaille an Horst Afheldt gegeben worden wäre. Ich habe von ihm Entscheidendes gelernt und wünschte, daß auch andere es von ihm lernen. Als führender Kopf in dem Buch *Kriegsfolgen und Kriegsverhütung* (1971) hat er die Schwächen des bisherigen Abschreckungssystems analysiert, und seit seinem Buch *Verteidigung und Frieden* (1976) hat er den Begriff der »defensiven Verteidigung« konsequent entwickelt. Heute findet dieser Begriff mit Recht zunehmende Beachtung.

Das dringendste Problem aber sind die Kriege im Süden. Seit 1945 ist kein Krieg geführt worden, der hätte nuklear werden können, aber über 130 nichtnukleare Kriege. Die meisten von ihnen waren nicht Stellvertreterkriege der nördlichen Mächte, sondern Folgen lokaler und regionaler Konflikte wie eh und je. Die in ihnen involvierten nördlichen Interessen sind vielfach vorwiegend die finanziellen des Waffenexports. Ich halte den Waffenexport im gesund-egoistischen Interesse des Nordens schlicht für eine Torheit. Europa und Nordamerika werden nicht auf die Dauer friedliche Inseln in einer friedlosen Welt sein. Die Forderung, die Institution des Kriegs zu überwinden, gilt auch für diese Kriege.

Gerechtigkeit: Wir haben soeben den Blick zum Süden unseres Planeten gewandt. Im zweiten der großen Konflikte unserer Zeit, dem sogenannten Nord-Süd-Konflikt, ist Gerechtigkeit der Ruf des Südens. Es handelt sich in diesem Sinne des Worts um Gerechtigkeit für die Armen, um soziale Gerechtigkeit.

Der Konflikt zeigt sich zunächst als inneres Problem des Südens selbst, als der immense Gegensatz von Armut und Reichtum. Ein Blick auf das Wolkenkratzermeer von São Paulo zeigt, wieviel Geld hier verdient und investiert werden konnte; ein Besuch in den Hütten der Favela, der Slums, zeigt, in welcher Armut ein Großteil der Menschen dort lebt und stirbt. Das Problem wird aber insofern mit Recht als ein nord-südliches gesehen, als alle nationalen Wirtschaften, zumal die des Südens, heute von der Weltwirtschaft abhängen; und diese ist vom Norden dominiert.

Dies erscheint mir als das unausweichlichste und als das am schwersten lösbare Problem der heutigen Menschheit. Es geht uns alle dringend an. Wo liegen seine Ursachen? Welche Abhilfe ist möglich?

Die Antwort auf die Frage, welche Ursache jemand für die entscheidende hält, kann man oft aus seiner ökonomischen und politischen Situation heraus vorhersagen. Gesicherte Bürger des Nordens vermuten die Hauptursache des Elends meist im Bevölkerungswachstum, Anwälte der Armen im Süden eher im kapitalistischen Weltwirtschaftssystem. Angehörige herrschender Schichten auch in der kulturellen Rückständigkeit oder in der Rasse der Armen. Wie ist das wahre Verhältnis zwischen diesen Faktoren?

Das Bevölkerungswachstum ist ermöglicht durch Medizin, Produktionsvermehrung, Gütertransport, also durch diejenigen Wohltaten der Zivilisation, welche erreichen, daß nicht mehr die unernährbaren Esser im Kindesalter sterben. Der Mensch kann aber nicht diese Macht über seine Lebensumstände erwerben und auf Regelung des Nachwuchses verzichten. Er verzichtet auch nicht darauf. Die Erfahrung in

Industrieländern zeigt, daß wachsender Wohlstand die Kinderzahlen begrenzt. Arme, zumal bäuerliche Familien hingegen brauchen viele Kinder als die einzigen Arbeitskräfte, als Zukunftssicherung der Eltern. Also wäre die Schaffung von Wohlstand vordringlich. Aber wie, wenn das wachsende Sozialprodukt von der wachsenden Bevölkerung aufgegessen wird?

Die Kapitalismuskritiker sagen, daß die nötigen Güter sehr wohl erzeugt, aber nicht gerecht verteilt werden. Hier komme ich zu der vorhin angekündigten Bemerkung zum Ideologiekonflikt. Die sogenannte bürgerliche Revolution strebte auch im ökonomischen Bereich nach Freiheit von staatlicher Bevormundung. Die Marktdoktrin im Sinne von Adam Smith ist in der Gesinnung antiautoritär. Die Erfahrung hat in der Tat gezeigt, daß der Markt mehr und bessere Güter erzeugt als jede bürokratisch gesteuerte Planwirtschaft, aus dem einfachen Grunde, daß hier die Intelligenz und Initiative von sehr viel mehr Menschen aktiviert wird als in Planwirtschaften. Aber der Markt allein verteilt die Güter nicht gleichmäßig; das Elend der frühen Industriearbeiter ist bekannt. Karl Marx erhoffte vom Sozialismus ökonomisch die Verteilungsgerechtigkeit und gesellschaftlich die Erfüllung der persönlichen Freiheit – ungefähr das Gegenteil der bürokratischen Systeme, die sich später auf ihn beriefen.

In den Industriestaaten des Nordwestens ist es gelungen, das Problem der sozialen Ungleichheit zu mildern und die nackte Armut auf eine heute freilich wieder wachsende Minderheit einzuschränken (permanent Arbeitslose, ethnische Minoritäten). Dies geschah durch die Mittel des Rechtsstaats, der Meinungsfreiheit und der repräsentativen Demokratie, mit Koalitionsfreiheit, Streikrecht, sozialer Gesetzgebung. Es ist nicht zu sehen, wie im Weltmarkt Ähnliches gelingen soll, solange nicht ein weltweiter Rahmen für vergleichbaren Interessenausgleich entsteht. Dies würde bedeuten:

1. die Sicherung des Weltfriedens,
2. eine international einklagbare Rechtsordnung,
3. international vereinbarten und durchsetzbaren Umwelt-schutz.

Bei Strafe des Untergangs ist uns nicht erlaubt, weniger anzustreben.

Wenn wir uns nicht selbst täuschen wollen, dürfen wir freilich auch den Faktor unterschiedlicher kultureller Traditionen nicht unterschätzen. So scheinen die Probleme in allen jenen Marktwirtschaften handhabbar zu sein, wo Ostasiaten das Heft in der Hand halten.

Die Notwendigkeit des Weltfriedens hat sich uns also von neuem gezeigt. Die politische Instanz, die hier in erster Linie gefordert ist, sind die Vereinten Nationen. In ihnen besteht freilich eine fortdauernde Spannung zwischen den Interessen der mächtigen nördlichen Minderheit und der weitgehend machtlosen Majorität des Südens. Doch ist die Verhütung lokaler und regionaler Kriege ein gemeinsames Interesse. Mir fehlt heute die Zeit, um auf weitere so dringliche Probleme wie den Schuldenerlaß einzugehen.

Ebenso nenne ich jetzt nur neben der Verteilungsgerechtigkeit die ebenso wichtige andere Seite der Gerechtigkeit, die Menschenrechte. Eine Regierung, die die Menschenrechte nicht gewährt, hat Angst vor ihren Staatsbürgern, und sie weiß, warum.

Bewahrung der Schöpfung: Die technische Revolution vollzieht, was schon mit dem Ackerbau und den Flußtalkulturen begann: die radikale Veränderung der belebten Natur auf der Erdoberfläche durch den Menschen. Heute erreichen die Wirkungen der Technik die Größenordnung der natürlichen Klimaänderungen: so der Treibhauseffekt durch das sinnlose Verbrennen der in Jahrhundertmillionen entstandenen fossilen Stoffe in wenigen Jahrhunderten. Wenn Askese bedeutet, auf Güter zu verzichten, die man technisch haben könnte, so wird eine asketische Weltkultur notwendig. Sie bedeutet nicht die Rückkehr in ältere Kulturen, die von Armut, Seuchen, Gewalttat gejagt waren. Sie bedeutet im Prinzip nur gesunden Menschenverstand: Organisation unseres technischen Handelns gemäß einer Einsicht, welche seine ungewollten Folgen ebenso bedenkt wie die gewollten. Ein einzelner, der diese Vorsicht vermissen läßt, ist ein Dummkopf oder ein leichtfertiger Verbrecher. Eine Gesellschaft muß von sich nicht weniger verlangen.

Wir haben noch wenige Jahrzehnte Zeit, das Notwendige und Mögliche zu leisten. In einem Rechtsstaat sollten alle Abwehrmaßnahmen gegen Schäden möglich sein, die ihre Ursache auf dem Boden eben dieses Staats haben. In der Gesetzgebung kann das sogenannte Verursacherprinzip umweltschädigende Produktion strafbar machen. Eine ökologische Steuerreform könnte noch wirksamer werden. Sie könnte z. B. den erneuerbaren Energiequellen die Wettbewerbschance geben, die ihnen heute noch fehlt.

Die entscheidende Aufgabe ist, zu einer internationalen Übereinkunft zu kommen. Die großen Schadeffekte sind grenzüberschreitend. Und Umweltschutzmaßnahmen in *einem* Lande können diesem Lande in der Weltmarkt-Konkurrenz Nachteil bringen. Wir werden hier von neuem auf die Notwendigkeit weltweiter Regelungen, also weltweiter Erweckung eines öffentlichen Bewußtseins für die Probleme geführt.

2
Abschlußansprache

bei der Europäischen Ökumenischen Versammlung für
Frieden in Gerechtigkeit
Basel im Mai 1989

Freunde!

Wir haben einen Baum gepflanzt. Der Baum ist ein Glied der Schöpfung, uns als Mitgeschöpf geschwisterlich verbunden. Jesus hat die Schöpfung als Gleichnis des beginnenden Reiches Gottes unter den Menschen verstanden: die Lilien auf dem Felde; das Senfkorn, der kleinste Same, der zum Baum heranwächst, und die Vögel des Himmels nisten in seinen Zweigen.

Freunde! Wir gehen jetzt aus Basel nach Hause, jeder in sein Land, in seine Stadt. Wir wollen uns in einem Bund verpflichten, das zu tun, was wir hier gesagt haben. Nicht unsere schönen Worte sind wichtig, die wir soeben wieder sprechen. Handlungen sind wichtig, die Tag für Tag geschehen. Nüchternheit ist notwendig. Nüchternheit darüber, was jeder Einzelne tun kann. Nüchternheit über die großen Ziele.

Nüchternheit darüber, was jeder Einzelne tun kann. Ich bin ein Mensch unter fünf Milliarden Menschen auf der Erde. Was kann ich auf der Erde tun? Aber was könnten wir tun, wenn wir es gemeinsam täten!

Was kann ich als Einzelner tun? Ich kann etwas tun, jeden Tag. Wenn ich nach Hause komme, werde ich wenigstens einen Sachverhalt in meiner nächsten Umwelt, in meinem täglichen Leben vorfinden, den ich, freundlich zu den Nachbarn, zum Besseren ändern kann. Und wenn ich es getan haben werde, in der Anstrengung einer Minute, eines Tages, oder eines Jahres, so werde ich längst einen anderen Sachverhalt vorgefunden haben, den ich zum Besseren ändern kann. Der tätigen Hoffnung ist keine Grenze gesetzt.

Und erlauben Sie mir ein gleichnishaftes Zahlenspiel. Wenn ich in einem Jahr einen Menschen in der Tiefe überzeuge, ebenso zu handeln, so sind wir nach einem Jahr zwei, nach zwei Jahren vier, nach drei Jahren acht gemeinsam Arbeitende. Und ich kann rechnen: nach zehn Jahren wären wir tausend, nach zwanzig Jahren hat jeder der tausend wieder tausend versammelt, wir sind eine Million, nach dreißig Jahren eine Milliarde, und das ist genug. Ein Gleichnis dessen, was möglich ist.

Nüchternheit über die großen Ziele. Friede in Gerechtigkeit hieß der Gegenstand unserer Versammlung hier in Basel. Gerechtigkeit, Friede und Bewahrung der Schöpfung soll Gegenstand der Versammlung in Seoul im März 1990 heißen. Das sind politische Aufgaben, konkrete Änderungen der politischen Ordnung in der Menschheit. Will man sie ausführen, so muß man sie benennen.

Gerechtigkeit heißt zwei Dinge: soziale Gerechtigkeit und Menschenrechte. Soziale Gerechtigkeit ist von uns Europäern in doppelter Richtung gefordert: gegenüber der armen, der hungernden Mehrheit des Südens, gegenüber der armen Minderheit in unseren eigenen Ländern. Weltweite soziale Gerechtigkeit verlangt als Mindestes eine einklagbare internationale Rechtsordnung, also Frieden. Soziale Gerechtigkeit im eigenen Lande verlangt Schutz derer, die keine demokratische Minderheit zu erringen vermögen. Einhaltung der Menschenrechte fordert, daß die Mächtigen, d. h. die Besitzenden und die Regierungsfunktionäre, ihre Angst vor den Schwächeren überwinden, eine selbstverschuldete und selbstzerstörende Angst.

Bewahrung der Schöpfung heißt Schutz der Natur, die unsere Heimat ist, vor der Zerstörung durch menschliche Technik. Dies ist grenzüberschreitend nötig; es verlangt Frieden. Es verlangt auf die Dauer die Sparsamkeit einer asketischen Weltkultur.

Friede muß heute die Überwindung der Institution des Krieges bedeuten. Die Atombombe war ein Weckersignal.

Rüstung, soweit wir noch nicht wagen, ohne sie zu leben, muß defensiv sein. Überwindung der Institution des Kriegs ist noch nicht die Wandlung der Herzen, aber sie ist die Überwindung einer Form des Konfliktaustrags, ohne welche die Menschheit nicht mehr wird leben können.

Wir wollen uns für tägliche Arbeit an diesen Zielen verpflichten. Jesus hat die Schöpfung als Beginn und Gleichnis des Reiches Gottes verstanden. Jesus ist zu den Armen und Unterdrückten gekommen. Jesus Christus hat zu Petrus und damit zu uns allen gesagt: »Stecke dein Schwert in die Scheide! Denn wer das Schwert aufhebt, wird durch das Schwert umkommen.«

Laßt uns einen Bund schließen in Glauben, Hoffnung und Liebe.

3
Deutschland: Schiller und Goethe

Rede in Hamburg im November 1989

Hätte man in den rund hundert Jahren des bürgerlichen Deutschland gefragt: wer ist der größte deutsche Dichter?, so hätte die Antwort oft genug gelautet: Du mußt zwei Namen nennen, das Weimarer Dichterpaar, Goethe und Schiller! So war es noch in meiner Schulzeit. Als 16jähriger Primaner sollte ich einmal einen Aufsatz schreiben über »Räuber Moor und Werther, ein Vergleich«. Schillers *Räuber* hatte ich längst mit Anteil gelesen. Der *Werther* lag mir, als ich jung war, fern. Ich las ihn nicht, aber ich wußte, was der Lehrer über ihn dachte. Das genügte für einen Aufsatz, der eine passable Note erhielt. Jetzt aber, vor wenigen Wochen, veranlaßte mich der Zufall einer kleinen fiebrigen Bettlägerigkeit, nach Jahrzehnten einmal wieder in meiner alten Schiller-Ausgabe, einem Konfirmationsgeschenk, alle Balladen Schillers, und in der Rekonvaleszenz den *Wallenstein* und den *Tell* zu lesen. Ich bekam Lust, heute über Schiller zu sprechen. Oder dann eben doch über Schiller und Goethe. Über beide als deutsche Sprecher zur europäischen Neuzeit.

Goethe ist eine Natur, Schiller ist ein sittlicher Wille. Wie wurden Natur und Wille zu Freunden? Goethe hat mich mein Leben lang begleitet, Schiller Jahrzehnte lang nicht. Wie tritt Schiller, der Wille, mir heute neu belebt entgegen? Schillers moralisches Empfinden ist von naiver Direktheit. Deshalb war er hundert Jahre lang der Dichter der Deutschen. Goethe wurde für die Deutschen ein Gott, irgendwo im Olymp. Schiller war der Sprecher ihrer eigenen Seele.

Die Balladen. In meiner Kindheit pflegten unsere Eltern mit uns vier Kindern am Sonntag Nachmittag etwa zwei Stunden durch etwas Schönes auszufüllen. Entweder wir

sangen Lieder, ums Klavier stehend, von der Mutter begleitet; immer abwechselnd durfte jedes von uns ein Lied aussu-
chen. Oder wir lasen Gedichte vor, unter der Ägide meines
Vaters, meist Balladen, vor allem von unseren schwäbischen
Landsleuten, Schiller und Uhland. Der Jüngste von uns,
mein Bruder Richard, liebte besonders Uhlands Ballade *Roland Schildträger*, die Suche nach dem bösen Riesen im Ar-
dennerwald, mit dem Schlußsatz des jungen Roland: »Um
Gott, Herr Vater, zürnt mir nicht, Daß ich erschlug den
groben Wicht, Dieweil Ihr eben schliefet!« Ich weiß nicht,
ob heutige Kinder noch etwas mit solchen Balladen anfan-
gen können. In der Halbtrance des Fiebers, als ich sie jetzt
wiederlas, haben Schillers Balladen mich zu Tränen gerührt.
   Was heißt naiv direkte moralische Empfindung, wenn ich
von Schiller spreche? Es gibt eine göttliche Weltordnung.
Ihr Geheimnis ist unergründlich, aber alles hängt an ihr. Fast
märchenhaft, aber im Ernst, also mythisch, stellt sie sich in
den Balladen dar. Ich wähle als Beispiel die *Kraniche des
Ibykus*. Der wandernde Sänger begrüßt die ziehende Kra-
nichschar: »Mein Los, es ist dem Euren gleich.« Er ruft sie,
da er von zwei Wegelagerern ermordet wird, als einzige
Zeugen auf. Am Beginn der korinthischen Spiele, zu denen
er zog, treten die Eumeniden auf, die furchtbaren Rachegöt-
tinnen. Das ist, im Rahmen des griechischen Theaters, eine
Liturgie, in der, wie in jeder echten Liturgie, die Gottheit
gegenwärtig *ist*. Hier »die furchtbare Macht, Die richtend im
Verborgenen wacht«. Alle Hörer sind erschüttert. Der Mör-
der ist seelisch gezwungen, beim Anblick des Kranichzugs
über dem Theater zu rufen: »Sieh da, sieh da, Timotheus,
Die Kraniche des Ibykus«. Und dann, wie so oft bei Schiller,
endet die Breite der Schilderung in raschestem Schritt: »Die
Menge schleppt sie vor den Richter, Die Szene wird zum
Tribunal, Und es gestehn die Bösewichter, Getroffen von
der Rache Strahl.«
   In dieser Weltordnung bewegen sich die wollenden Menschen. Der Wille ist da, die Heldentat ist da. Aber war sie

recht? Im »Kampf mit dem Drachen« hat der Ordensmeister den Rittern des Johanniter-Ordens, von denen schon fünf im Kampf gegen den landverwüstenden Drachen gefallen sind, den weiteren Kampf verboten. Einer bereitet sich, sein Pferd, seine Hunde, sorgfältig vor, kämpft und siegt. Der Meister aber: »Nicht Mut, Gehorsam ist des Christen Schmuck. Du hast das Ordensgewand verscherzt.« Der Ritter, tief betroffen, zieht das Gewand aus und wendet sich zum Gehen. Da ruft der Meister: »Umarme mich, mein Sohn! Dir ist der härtre Kampf gelungen. Nimm dieses Kreuz. Es ist der Lohn, Der Demut, die sich selbst bezwungen.«

Immer geht es um direkte, spontane moralische Entscheidungen. Verborgen aber ist die Weltordnung und soll es bleiben. Das verschleierte Bild zu Sais: »Weh dem, der zu der Wahrheit geht durch Schuld: Sie wird ihm nimmermehr erfreulich sein.«

Welche Wahrheit spricht ein Dichter des 18. Jahrhunderts in solchen Mythen aus?

Schiller ist dreißig Jahre jünger als Lessing. Durch Lessing sind die Deutschen zur Dichtung erzogen, in die Aufklärung eingeführt. *Nathan der Weise*, das ehrwürdigste Stück des deutschen Theaters. Kant ist der deutsche philosophische Sprecher der europäischen Aufklärung. Aber dann kommt ein Schritt, der *so* wohl nur in Deutschland getan wurde. Schiller ist zehn Jahre jünger als Goethe, zehn Jahre älter als Hölderlin. Sie alle haben von Winckelmann gelernt. Sie haben in der Tiefe erfahren, daß es echte Religiosität gibt, die nicht in der biblischen Tradition steht, griechische Frömmigkeit. Schillers Balladen leben in dieser freien Religiosität. Er spricht griechisch mit den Griechen, christlich mit den Christen, aber stets in der Sprache spontaner Gläubigkeit.

Schiller ist zugleich der politisch scharfblickendste unter den deutschen Dichtern. Von ihm darf man sagen: sein Glaube ist sittlich, *denn* er ist politisch. Aber die sittlich gesehene politische Geschichte ist der Boden der Tragödie, für ihn seit den *Räubern*.

Schillers größte politische Tragödie ist der *Wallenstein*. Auch in der Tragödie waltet dieselbe moralische Direktheit. Es gibt nur *ein* Problem beim Handeln, für jede der achtbareren Figuren des Stücks, das moralische. Ist Verrat notwendig? Ist er erlaubt? Ist er notwendig und verboten zugleich? Und jeder Position widerfährt poetische Gerechtigkeit. Jeder der Handelnden darf sein Handeln moralisch glaubwürdig auslegen.

Wallenstein, der Feldherr, ist der vorbestimmte Vollstrekker einer unvollziehbaren historischen Notwendigkeit. Der Dreißigjährige Krieg ist der hoffnungslose Konflikt feindlicher Legitimitäten, unlösbar gemacht durch die Religionsspaltung, durch die gläubige Akzeptation entgegengesetzter rationaler Interpretationen derselben letzten Wahrheit. Alle begehren den Frieden; nur eine in diesen Legitimitätenkonflikt seelisch nicht verstrickte Gestalt könnte ihn bringen. Nur Wallenstein könnte den Frieden stiften, und er weiß es. Aber Schillers politischer Verstand sieht zugleich die Unmöglichkeit des Unternehmens. Wallenstein selbst lebt in Illusionen über die Menschen, denen er seine Einsicht zutraut, so von Octavio Piccolomini. Und wo geht Berufung in ehrgeizigen Wahn über? Wallensteins Zusammenbruch geschieht noch nicht mit dem Scheitern der Rebellion und der Flucht aus Pilsen. Er geschieht im Verlust von Max Piccolomini und dessen Tod. Auf die Nachricht davon in Eger sagt Wallenstein: »Er ist der Glückliche. Er hat vollendet... Was ich mir ferner auch erstreben mag, Das Schöne ist doch weg, das kommt nicht wieder, Denn über alles Glück geht doch der Freund, Der's fühlend erst erschafft, der's teilend mehrt.« Der Wille, der einen gleichgestimmten Willen findet. Schillers Herzensanliegen.

Wallenstein mußte historisch scheitern. Schiller konzipierte das Stück, als sich, noch verborgen, Napoleons Aufstieg vorbereitete. Napoleon unternahm dann für Europa, was Schillers Wallenstein für Deutschland entworfen hatte. Und er hatte die neugeschaffene Legitimität der Revolution hinter sich. Aber er mußte den Kompromiß mit den alten Legitimitäten schließen, und diese ertrugen sein Ausgreifen nicht.

Zuletzt *Wilhelm Tell*. Nach acht politischen Tragödien ist er Schillers letztes vollendetes Drama, als sei er das Ziel gewesen: Das Schauspiel der Freiheit, die ein redliches Volk sich erkämpft. Nach Kants Philosophie, der Schiller folgte, ist Freiheit des sittlichen Willens das metaphysische Postulat der praktischen Vernunft. Bürgerliche Freiheit aber, die Freiheit, die nicht ich mir herausnehme, sondern die wir einander garantieren, ist Vorbedingung einer in der Wahrheit lebenden Gesellschaft.

Im *Tell* ist der Schuß auf den Landvogt zwar der dramatische Höhepunkt, aber die Substanz des Stücks ist im Rütlischwur. »Nein, eine Grenze hat Tyrannenmacht.« »Wir wollen sein ein einzig Volk von Brüdern, In keiner Not uns trennen und Gefahr. – Wir wollen frei sein, wie die Väter waren, Eher den Tod als in der Knechtschaft leben. – Wir wollen trauen auf den höchsten Gott Und uns nicht fürchten vor der Macht der Menschen.« Und die Ketten brechen. Das Volk wird frei.

Diese politisch-sittliche Gläubigkeit Schillers brauchten die Deutschen, die Jünglinge, die Krieger der Befreiungskriege, die Paulskirche. Unter Bismarck wurden die Deutschen zur mächtigen Nation, und ihnen entglitt die Mission, deren Sprecher Schiller gewesen war. Sie wurden eine zu enge Legitimität unter den anderen. Bismarck fragte Moltke 1871: »Was bleibt uns nun noch zu tun?« Moltke erwiderte: »Einen Baum wachsen sehen.« Das war redlich. Aber die Krise Europas kündigte sich an. Der Erste Weltkrieg machte sie offenbar. Die Deutschen, besiegt, wagten den von Heinrich Heine vorausgesagten Ausbruch, unter Hitler. Heine hatte 1834 über Deutschland geschrieben: »Es wird ein Stück aufgeführt werden, wogegen die französische Revolution nur wie eine harmlose Idylle erscheinen möchte.« Hitler schuf sich selbst den verdienten Untergang. Aber damit war nur das ungelöste Problem Europas in das ungelöste politisch-soziale Problem der Menschheit überführt. Der *Tell* ist noch heute ein sprengendes Stück, wo man es auch aufführt. Im Amerika Jeffersons war etwas von diesem Geist; heute noch, bei den Herren der Welt? Mit leidenschaftlicher Teilnahme verfolgen wir den Freiheitsprozeß in Osteuropa, bisher von einer wissenden Hand durch die drohenden Katastrophen gesteuert. Wer aber bringt der südlichen Menschheit die Freiheit, nach der sie verlangt?

Nachdem ich so Schillers Lob gesungen habe, wie kann ich zu Goethe zurückkehren?

Die beiden wurden Freunde, als beide, je im eigenen Lebenslauf, an die Stelle gekommen waren, an der sie eine Ordnung suchten, in der eine Nation, eine Kultur leben kann. Sie entdeckten, daß sie sich ergänzten.

Schiller, so sagte ich, war ein Wille, Goethe war eine Natur. Was heißt »Wille«, was heißt »Natur«, so angewandt? Wille ist ein Merkmal menschlicher Geschichte. Sittlicher Wille findet sich inmitten der Geschichte vor. Schiller beginnt als Rebell, er wird Dramatiker, Historiker, Geschichtsphilosoph, geistiger Führer. Die Natur ist von sich aus nicht in der menschlichen Geschichte. Die Geschichte der Menschheit geht aus der Geschichte der Natur hervor. Goethe war einer der ersten, welche, er unter den Titeln »Metamorphose« oder »Polarität und Steigerung«, eine Geschichte der Natur dachten. Und ich wage zu sagen: er dachte sie, weil er sie in sich erfuhr.

Darf ich dies durch eine spielerische Erinnerung aus meiner Schulzeit erläutern? Ich habe mich damals einmal über Schiller geärgert. Seit der Kindheit wollte ich Naturforscher werden, am liebsten Astronom. Nun entdeckte ich ein Distichon bei Schiller:

An die Astronomen
Euer Gegenstand ist der erhabenste freilich im Raume,
Aber, Freunde, im Raum wohnt das Erhabene nicht.

So empfand ich nicht. Schiller spricht hier konsequent im
Sinne der Kantischen Unterscheidung des Schönen vom Er-
habenen. Ich aber habe später meine Herzensempfindung in
Umkehrung einer Kantischen Formel auszudrücken versucht: »Das moralische Gesetz über mir, der bestirnte Himmel in mir.« Und viel später versuchte ich Schiller eine faire
Antwort zu geben:

An Schiller.
Große Seele, du suchst das Erhabene nur in der Freiheit –
Siehst du's im Sonnenstrahl nicht, nicht in der Welle im See?

Zurück zu Goethe. Natur, wie Goethe sie versteht, ist
schöpferisch. Goethe war Künstler von Natur. Kunst ist
Wahrnehmung von Gestalt durch Schaffung von Gestalt.
Wie steht Kunst damit zu Natur? Reiz und Reaktion, affek-
tive Wahrnehmung, Suchen und Meiden, kurz die Einheit
von Wahrnehmen und Bewegen ist elementares Verhalten
der Lebewesen. Kunst ist eine Überhöhung dieser Einheit,
Überhöhung durch einen Hiatus, eine Pause. So die Sprache. Ein Wort, eine Rede ist eine Handlung, die eine andre
Handlung bedeutet, in späteren Stufen auch einen bloßen
Sachverhalt. So ist das Kunstwerk eine geschaffene Gestalt,
die eine Gestalt bedeutet, welche erst in diesem Schaffens-
prozeß eigentlich wahrgenommen wird. Was ich oben
»Wille« nannte, ist der Vorrang des Bewegens vor dem
Wahrnehmen. Was ich »Natur« nannte, ist der Vorrang des
Wahrnehmens vor dem Bewegen, vor dem Wollen. So versuche ich, mir die gegenseitige Ergänzung Schillers und Goe-
thes klarzumachen.

Was hat Goethe nun aber von der menschlichen Geschichte gestaltend wahrgenommen? Von der aktuellen Ge-

schichte, in die er, wie Schiller im deutschen Südwesten, als Patrizier einer Reichsstadt, zehn Jahre vor Schiller, dem Soldaten- und Wirtensohn eines Fürstentums, eintrat? Darf ich nun erzählen, wie ich selbst, nachdem ich als Kind meinem Vater die Einführung in Schillers Balladen verdankte, vielleicht fünf Jahre später, als Primaner, mit Goethe zusammengeführt wurde? Natürlich hatten wir auch Goethes Balladen gelesen. Aber das Entscheidende leistete unser belächelter, geliebter und verehrter Deutschlehrer im Bismarck-Gymnasium in Berlin-Wilmersdorf, derselbe, der später das Aufsatzthema »Räuber Moor und Werther« stellte. Er hieß Professor Loewer und wir nannten ihn den alten Leu. Er war kurzgewachsen, stämmig, glatzköpfig. Er trat zu Beginn einer seiner Stunden ans Lehrerpult, mit einem Fuß auf der ersten Stufe, legte die Stirn in die Hand, dann hob er die Hand und donnerte los:

>»Bedecke deinen Himmel, Zeus,
>Mit Wolkendunst!
>Und übe, dem Knaben gleich,
>Der Disteln köpft,
>An Eichen dich und Bergeshöhn!
>Mußt mir meine Erde
>Doch lassen stehn,
>Und meine Hütte,
>Die du nicht gebaut,
>Und meinen Herd,
>Um dessen Glut
>Du mich beneidest.«

Was war geschehen? Man lächelte. Aber zwei Dinge hatte ich erlebt, eines, das ich sofort verstand, eines, das mir erst später klarwurde.

Was ich sofort verstand: Ich hatte erfahren, was die Gewalt dichterischer Sprache ist. Von nun an las ich Goethes Lyrik, wurde für immer heimisch in ihr, und als ich, als alter

Mann, mich verführen ließ, einen gängigen Fragebogen zu beantworten, antwortete ich auf die Frage: »Wer ist Ihr Lieblingslyriker?« ohne einen Augenblick des Zauderns: »Goethe«. Am nächsten stand und steht meinem Herzen der *West-östliche Divan.* Aber davon habe ich oft gesprochen und geschrieben; ich wiederhole es jetzt nicht.

Was mir erst später klarwurde: Ich hatte ein frühes Manifest der europäischen Revolution gehört. Der Titan Prometheus, der für die Menschen das Feuer, den Anfang des Kochens und Schmiedens, den Anfang von Technik, Wissenschaft und Industrie, vom Himmel gestohlen hatte, lehnt sich auf gegen den Olympier Zeus, der über uns Vatertitel und Vaterherrschaft in Anspruch nimmt. Dies ist eine Revolution, die über eine sich sittlich begründende politische Revolution hinausgeht. Es ist die große Revolution der Kultur, des Geistes.

Ich habe vor ein paar Jahren einmal versucht, mir den geistigen Motor der neuzeitlichen Jahrhunderte Europas und, in der Konsequenz, Amerikas, unter dem Titel des »Titanismus« klarzumachen. Das neuzeitliche Europa hat den Fortschrittsglauben erfunden, eine Neuerung in der Menschheitsgeschichte. Was wir heute Fortschritt nennen, gibt es freilich als ständigen Prozeß in der Menschheitsgeschichte wenigstens seit der Entstehung der Stadtkultur und der Flußtal-Imperien, seit rund sechstausend Jahren. Gemessen an den Jahrmillionen der Evolution und noch der Menschwerdung ein rasend schneller Gang ins Unbekannte. Jedes Jahrtausend eine oder drei völlig neue Gestalten! Ackerbau, Stadtmauern, Metallbearbeitung, Herren und Knechte, Musik, Bildhauerei, gottgeweihte Könige, Rechtsordnung, Flußregulierung, das große Epos, Hochreligion, Mathematik und Astronomie, radikale Ethik, Philosophie, Weltreiche, Welthandel, Kampf der Religionen, apokalyptische Hoffnungen . . . Aber alle Kulturen, die mehr als ein Jahrtausend überdauert haben, verstanden sich selbst konservativ. Einst die großen Stifter, die weisen Gesetzgeber.

Jetzt kann eine Reform nur die gute alte Zeit wiederherzustellen suchen. Die Kapitel 2 bis 11 des biblischen Buches *Genesis* sind eine Kette von Zivilisationskritiken, vom Sündenfall bis zum babylonischen Turm. So auch sah sich das christliche Europa, auf Wiederkunft des Erlösers hoffend. In Florenz, so sage ich dann gern, hat man die Neuzeit erfunden. Aber sie mußte sich noch rechtfertigen, indem sie sich als Rinascimento verstand, als Wiedergeburt der schönen Antike. Man kann den Goethe der reifen Mannesjahre nicht verstehen ohne das Italien der Renaissance, ohne die Antike, die es ihm erschloß.

Wann Europa sich zu der neuen Religion des Fortschritts*glaubens*, des Glaubens an das Neue als das Gute entschloß, wage ich nicht zu bestimmen. Hier, wie so oft, ist wohl die Praxis der Theorie vorangegangen. Und ich möchte einen schlichten, praktischen Fortschrittsglauben von dem Titanismus des großen Entwurfs unterscheiden. Hier nun tritt eine eigentümliche Rolle der Deutschen zutage. Kolumbus, den wir in zwei Jahren feiern werden, öffnete, auf Grund der zutreffenden naturwissenschaftlichen Überzeugung, daß die Erde eine Kugel ist, den Europäern den Weg der Eroberung und des Handels über den Atlantik. Die westlichen Nationen, Spanien und Portugal, Frankreich, die Niederlande, England und Schottland, vollzogen den Fortschritt der Ökonomie, der Technik, der Macht, des Wissens. Die Deutschen, im Hinterland und durch den Dreißigjährigen Krieg um hundert Jahre zurückgeworfen, begannen in der zweiten Hälfte des 18. Jahrhunderts das zu denken, was das westliche Europa tat. Die deutsche Philosophie, durch Kant ermöglicht, ist von Fichte bis Nietzsche der gedankliche Vollzug des europäischen Titanismus. Und die geniale Wahrnehmung des fünfundzwanzigjährigen Goethe schenkte den Deutschen die Symbole dessen, was sie bewegte: dem politischen Erwachen den *Götz*, der Empfindsamkeit den *Werther*, und dem titanischen Gedanken den *Prometheus* und den *Faust*.

Diese vielgestaltige Wahrnehmung war nur einem Manne möglich, der nicht ein Wille, sondern eine Natur war. Er erfuhr in sich als beseligende und tödliche Wirklichkeit, womit er erst zu leben vermochte, indem er es als dichterische Gestalt von sich zu unterscheiden lernte. Goethe läßt Tasso sagen: »Und wenn der Mensch in seiner Qual verstummt, Gab mir ein Gott, zu sagen, was ich leide.« Das gilt schon von Werther. Goethe ist Werther. Aber indem er den Werther schreibt, ist er selbst nicht mehr Werther. Und erst in dem Werther, der nicht mehr Goethe ist, kann eine junge Generation des vorrevolutionären Europa sich selbst erkennen. Das ist Wahrnehmung von Gestalt durch Schaffung von Gestalt.

War Goethe Prometheus, der Titan? Wurde er der spätere Goethe, indem er nicht mehr Prometheus war? Die erfüllte Sehnsucht der Mannesjahre, die Italienische Reise, war für ihn das doppelte Geschenk: die Wirklichkeit der Antike und die Wirklichkeit der Natur.

Die Antike ist ihm eine Kultur, die des grenzenlosen Fortschritts seelisch nicht bedarf. Man darf sagen: eine fromme Kultur. Das ist – reicher durch Goethes reichere Natur – noch Winckelmanns edle Einfalt und stille Größe. Daß in Wahrheit bei den Griechen eine wildzerrissene Kultur im klassischen Bild dasjenige wahrzunehmen suchte, dessen sie selbst bedurfte, das ist eine spätere Interpretation nach Nietzsche. Aber Goethe fand das, was in ihm als Natur lag, in der Antike bestätigt. Und seine Freundschaft mit Schiller wurzelte in dem gemeinsamen Willen, eine Nation zur Fähigkeit für eine solche Kultur zu erziehen. Die drei Jahrzehnte nach Schillers Tod aber sind, bei allen persönlichen Begegnungen, kulturell Jahrzehnte wachsender Einsamkeit. Die Zeit folgt dem ihr innewohnenden Drang, der Einsame wird in der Maske des Olympiers wahrgenommen. Sich nennt er einmal im Gespräch den alten Merlin, den naturverbundenen Zauberer der Artussage. Und er vollendet sein Werk: den *Divan*, die *Wanderjahre*, den *Faust*.

Über den Titanismus und Goethe hatte ich ein unbeendetes Gespräch mit Georg Picht. Ich hatte im Aufsatz über den deutschen Titanismus gesagt: »Goethe, der größte Deutsche aus der Zeit des deutschen Titanismus, gehört diesem Titanismus nicht an.« Ich hatte diesen Abschnitt mit Betrachtungen über die Einsamkeit des alten Goethe beendet. Georg Picht schrieb mir dazu: »War etwa der ›Olympier‹ eine kunstvoll stilisierte Maske des ›Titanen‹ – sozusagen sein letzter Triumph? Wenn ich den Faust richtig lese, ist diese Frage für Goethe bis zuletzt offen geblieben.« Ich lasse diese Frage auch heute offen.

Die Wirklichkeit der Natur. In Sizilien tritt der Gedanke der Urpflanze klar vor Goethes Augen. Also die Verwandtschaft alles Lebendigen. Also die Metamorphose, oder wie wir sagen, die Evolution. Ich habe Goethe selbst eine Natur genannt. »Ist nicht der Kern der Natur Menschen im Herzen?« »Magnetes Geheimnis, erkläre mir das! Kein ander Geheimnis als Liebe und Haß.« Hätte ich heute nicht über Schiller, also über politische und kulturelle Geschichte reden wollen, so hätte ich einen ganzen Vortrag darüber halten können, warum ich als heutiger Physiker bereit wäre, genau so über den Magneten und über die Metamorphose zu reden wie Goethe. Heute nicht mehr.

Auch Evolution ist Fortschritt. Was unterscheidet Goethe dann von den Fortschrittsgläubigen? Goethe war in der Geologie Neptunist. Er hatte in der Naturwissenschaft entschiedene Parteimeinungen. Neptunismus heißt sanfte Entwicklung durch die Kraft des Wassers, Plutonismus heißt gewaltsame Veränderung durch die Gewalt vulkanischer Feuer. Man kann solche Grundsatzentscheidungen, die früher sind als alle empirische Evidenz, schwer beurteilen, wenn man nicht die menschlichen Motive sieht, die uns zur einen oder anderen Seite neigen. Ich habe öfter gesagt, die Wirklichkeit der Evolution, wie Darwin sie uns sehen gelehrt hat, sei Buddhas Lehre, Leben sei Durst und Leiden, näher als allen abendländischen Harmonisierungen. Der Sozialdarwinismus, der Durst und Leiden durch den Fortschritt der Sieger rechtfertigt, ist die grausamste dieser Harmonisierungen. Aber auch die gängige christliche Schöpfungstheologie reicht nicht hin. Den Garten Eden hat es objektiv nie gegeben. Ich habe aber eines zugelernt. Die Selbstwahrnehmung der Angehörigen eines Biotops, eines Naturbereichs im Gleichgewicht, mag sich im Garten Eden spiegeln lassen. Erst der Eintritt des Menschen in die willentliche, selbstbewußte Geschichte enthüllt den Hintergrund von Durst und Leiden hinter der bisher wahrgenommenen Harmonie. Erst wer vom Baum der Erkenntnis des Guten und Bösen gegessen hat, ist erlösungsbedürftig. Erst der Rebell Prometheus macht sich klar, daß auch Zeus ein Usurpator ist, durch Vatermord an die Macht gekommen. So entsteht der unlösbare Konflikt beanspruchter Legitimitäten, das Thema der Schillerschen Tragödie.

Wir stehen in der heutigen Weltstunde in eben solchen Legitimitätskonflikten, und der reale Fortschritt vergrößert noch immer ihre Spannweite. Ich durfte heute nicht in Anspruch nehmen, Lösungsvorschläge, ja nur Analysen dazu zu unterbreiten. Ich wollte heute zeigen, wie die wohl zwei größten deutschen Dichter unter der damaligen Gestalt eben dieser Konflikte gelitten haben. Und das Leiden führt zu einer Einsicht, die, in Worten vermittelt, vielleicht von uns nachvollzogen werden kann.

4

Theologie heute

Vortrag in Basel im Dezember 1989

Sie, meine Gastgeber, haben mich zum Doktor der Theologie promoviert. Doktor, das heißt im wörtlichen lateinischen Sinne Lehrer. Ich habe mich gefragt: Welche Theologie müßte ich lehren, wenn ich sie heute zu lehren hätte? Gefragt habe ich mich: das heißt, ich will nicht als ein Doctus reden, als einer, der den Anspruch erhebt, zu wissen. Docendo discimus, wir lernen, indem wir lehren. Ich möchte Ihnen die Fragen präsentieren, die sich mir heute aufdrängen. Dialog wird mir wichtiger sein als eigene Behauptungen. Motivforschung in meinen subjektiven Erfahrungen und, behutsam, in den Erfahrungen meiner Gesprächspartner sollte einen Weg öffnen zum erhofften fairen Argument.

Subjektive Motive: Ich bin ein Kind des 20., ein Enkel des 19. Jahrhunderts. Ich habe Physik studiert und ich übe sie noch aus, um ihrer philosophischen Wichtigkeit willen. Ich habe zwölfjährig, hier in Basel, mit tiefster Erschütterung die Bergpredigt gelesen. Ich habe als Kernphysiker die Entstehung und den Einsatz der Atombombe erlebt. Ich habe zwölf Jahre Philosophie unterrichtet. Ich habe ein Institut zur Erforschung der Lebensbedingungen der wissenschaftlich-technischen Welt gegründet. Wie reagiert die christliche Theologie auf die rasende Dynamik dieser unserer Zeit? Über drei Beziehungen der Theologie zu dieser Dynamik möchte ich sprechen: die Beziehung zur Politik, zur Aufklärung und zu den nichtchristlichen Religionen. Zuerst über die zeitlich drängendste: die Beziehung zur Politik. Dann über die gedanklich härteste, die Beziehung zur Aufklärung. Zuletzt, andeutend, über die wohl langfristigste: die Beziehung zu den Religionen der Menschheit.

1. Politik

Die Politik ist das Schicksal – so lautet ein alter Satz. Die von der Politik abhängigen Schicksalsfragen der heutigen Menschheit sind in dem sogenannten konziliaren Prozeß, in dem die Basler ökumenische Versammlung ein Schritt war, mit drei Namen genannt: Gerechtigkeit, Friede, Bewahrung der Schöpfung. Ich rede heute nur kurz davon, denn diese Themen sind schon vielbesprochen. Ich rede zunächst politisch-pragmatisch, dann in einer ersten theologischen Reflexion. Die drei Themen ordne ich in umgekehrter Reihenfolge: Natur, Friede, Gerechtigkeit. So kann ich mit dem durchsichtigsten Problem beginnen, mit dem vielschichtigsten Problem enden.

Natur. Ihre Bewahrung wird zum Problem durch die technische Macht des Menschen. Technik ist Bereitstellung von Mitteln für Zwecke. Das Problem der Naturbewahrung beginnt schon vor zehntausend Jahren mit dem Ackerbau, mit der künstlichen »Getreidesteppe«, welche eine Vorratswirtschaft und damit das Bevölkerungswachstum ermöglicht. Die Natur, einst eine harte Mutter, die viele uns feindselige Geschwister großzieht – Wölfe, Giftpflanzen, Läuse –, diese Mutter wird nach und nach gezähmt, dann kultiviert, dann geliebt, und nun zunehmend zerstört. Das ist die Ambivalenz aller Macht. Alles zu machen, was technisch machbar ist, ist im strengen Sinne zwecklos, also technisch widersinnig; es ist untechnisch. Aber es geschieht. Von den heutigen Problemen nenne ich nur ein Beispiel, das jetzt ins öffentliche Bewußtsein rückt: den Treibhauseffekt. Um eine Klimakatastrophe zu vermeiden, müßten wir, wenn die bisherigen Abschätzungen sich als richtig erweisen sollten, in wenigen Jahrzehnten den Verbrauch fossiler Brennstoffe auf ein Drittel reduzieren. Das ist möglich, wenn wir energiesparenden Techniken und erneuerbaren Energien die Marktchance geben, notfalls durch ökologische Steuern. Im Weltmarkt läßt sich das nur durchsetzen durch internationale Übereinkunft. Diese Übereinkunft bedarf gemeinsam angewandter Vernunft. Sie bedarf des Friedens.

Friede. Auch dies ist ein Problem der Macht, nun der Macht von Menschen über Menschen. Krieg ist seit den Anfängen der Hochkultur eine öffentlich anerkannte Institution, die Ultima ratio regum, das letzte Argument im Machtkonflikt. Heute setzt sich in der Menschheit langsam die Einsicht durch, daß die Institution des Kriegs überwunden werden muß. Wenn ich subjektiv reden darf: Für mich war 1939 die Einsicht, daß Atombomben möglich werden, das Weckersignal. Wenn solche Waffen möglich sind, kann die Menschheit die unbegrenzte Fortdauer der Kriege nicht überleben. Nur die Atomwaffen abzuschaffen, hieße jedoch, den Wecker aus dem Fenster zu werfen, um noch ein Stündchen schlafen zu können. Mehr ist nötig. Die Ursachen der Kriege aber sind die Ängste, die aus den ungerechten Beziehungen zwischen den Menschen erwachsen. Der Friede bedarf der Gerechtigkeit.

Gerechtigkeit – das bedeutet in heutiger Sprechweise zweierlei: Menschenrechte und soziale Gerechtigkeit.

Menschenrechte – das meint die Freiheit, die wir einander gewähren. Noch einmal subjektiv: Ich kann als alter Mann meine Bewegung nicht verbergen, daß ich noch Schritte zur Freiheit erleben darf, wie sie heute in Europa geschehen. Aber für die Freiheit ist soziale und wirtschaftliche Stabilisierung nötig. Der Weg zur Freiheit in Osteuropa wird heute noch von einer wissenden Hand durch die ihn umlauernden Katastrophen gesteuert. Möchte er die rasche, effektive, vorurteilslose Hilfe erfahren, deren er bedarf!

Die soziale Gerechtigkeit ist das heute völlig ungelöste Problem des Südens der Menschheit – und voll gelöst ist es auch bei uns nicht. Auch der Gegensatz von Armut und Reichtum ist uralt, vermutlich so alt wie die Vorratswirtschaft und das Grundeigentum. Die Möglichkeit ausreichender Produktion für alle Bedürfnisse ist ein Ergebnis der Technik. Der moderne Fortschritt der Technik ist weitgehend ein Produkt der Marktwirtschaft. Denn anders als jede von oben gelenkte Wirtschaft aktiviert der Markt den Egoismus und damit die Intelligenz und den Fleiß der breiten Bevölkerung. Ein auf intelligentem Egoismus beruhendes System vermag jedoch wohl das Produktionsproblem zu lösen, aber nicht automatisch das Problem gerechter Verteilung. Soweit gerechte Verteilung in den nördlichen Industriestaaten gelungen ist, ist sie dem Prinzip der Legalität, dem freiheitlichen Rechtsstaat zu verdanken. In ihm konnten die Armen demokratisch einen großen Teil dessen erkämpfen, was sie brauchten. Ich nenne das den historischen Sieg der Sozialdemokratie, darin sichtbar, daß die konservativen Parteien sich das unumgängliche Prinzip des Sozialstaats zu eigen gemacht haben. Dem Weltmarkt aber fehlt heute der Rahmen einer Rechtsordnung, die mit der innerstaatlichen demokratischen Rechtsordnung vergleichbar wäre. Solange jedoch nicht wenigstens ein solcher Rahmen entsteht, wird voraussichtlich das Problem der sozialen Gerechtigkeit weltweit politisch ungelöst bleiben. Das Problem wird verschärft durch kulturelle Differenzen und durch das Bevölkerungswachstum, das heute zugleich Ursache und Folge der Armut ist. Und nichts wird permanent gelöst bleiben, nicht Naturschutz und nicht Friede, solange die soziale Gerechtigkeit nicht wenigstens annähernd hergestellt wird.

Bis hierher habe ich, sehr verkürzt, politisch-weltlich argumentiert. Nun ein erster Schritt zur theologischen Reflexion! Was geht all dies die Christen an?

Es gibt eine erste einfache Antwort. Kein verantwortlich denkender Mensch darf sich, ja kann sich dem Nachdenken über diese Probleme und, soweit seine Kraft reicht, der Mitarbeit an ihnen entziehen. Sollte ein Christ es dürfen?

Aber ich gehe alsbald weiter. Bewahrt vielleicht nur die christliche Überlieferung ein hinreichend tiefes Verständnis des Menschen, um zu erkennen, worauf es in unserem Verhalten zu den durch unsere Macht erzeugten Problemen eigentlich ankommt?

Im einzelnen! Zur Natur: Lehrt uns nicht die Erzählung, Gott habe die Welt geschaffen und habe den Menschen nach seinem, Gottes, Bilde geschaffen, daß der Mensch Gottes Schöpfung bewahren und nicht zerstören soll? Zum Frieden: Jesus sagt: »Liebet eure Feinde, tut wohl denen, die euch hassen; dann werdet ihr Kinder eures Vaters im Himmel sein.« Er sagt zu Petrus: »Stecke dein Schwert in die Scheide! Denn wer das Schwert aufhebt, wird durch das Schwert umkommen.« Erhalten heute vielleicht diejenigen Christen endlich Recht, die Jesus folgend stets die Waffengewalt verweigert haben? Zur Gerechtigkeit: Die auch für Protestanten höchst lesenswerte Enzyklika des heutigen Papstes zur sozialen Sorge der Kirche, 1987, sagt, keines der funktionalen Systeme wie Kapitalismus oder Sozialismus könne die soziale Gerechtigkeit schaffen, die eines moralischen Motivs bedarf. Die Befreiungstheologie Südamerikas hat wieder erkannt, daß Jesus zu den Armen gekommen ist. Den reichen Jüngling, der nach dem ewigen Leben verlangt, verweist Jesus auf die Gebote Gottes; da dieser sagt: »Das habe ich alles gehalten« und da er nach mehr verlangt, gewinnt ihn Jesus lieb und sagt: »Dann verkaufe alles, was du besitzest, und gib es den Armen, und folge mir nach!« Der aber wandte sich traurig, denn er hatte viele Güter. Sollten wir nicht den Mut zu einer mehr asketischen Weltkultur aufbringen?

Dies sind nur Andeutungen. Im heutigen Vortrag habe ich von Theologie zu reden. Kann es heute eine christliche Theologie geben, die das, wovon Gedeih und Verderb unserer Welt abhängt, deutet und ausspricht? Was heißt denn Theologie? Logos bedeutet griechisch zunächst vernünftige Rede. Theo-logie heißt wörtlich: vernünftige Rede von Gott. Vernünftig zu sein ist in der europäischen Neuzeit der Anspruch der Aufklärung. Wie steht die Aufgabe der Theologie zur Aufgabe der Aufklärung?

2. Aufklärung

Aufklärung ist nach Kant der Ausgang des Menschen aus seiner selbstverschuldeten Unmündigkeit. Dies ist eine fordernde Definition. Wie sah es denn die Aufklärung? Doch wohl so: Die Kirche hat die Menschen unmündig gehalten. Das Christentum ist bis heute nicht vollzogen. Freiheit, Gleichheit, Brüderlichkeit, die Geschenke des Evangeliums an die Menschen, Merkmale des in die Geschichte eintretenden Reiches Gottes, wurden in die Innerlichkeit und in die Jenseitshoffnung verbannt. Die politische Revolution mußte kommen, um uns an ihren diesseitigen Sinn zu erinnern.

Sehen wir aber mit heutigen Augen, so erkennen wir: Auch die Hoffnung der Aufklärung ist nicht vollzogen, nicht ans Ziel gebracht. Unter politischem Aspekt habe ich soeben hiervon geredet. Unvollzogene Religion und unvollzogene Aufklärung aber können fast nur Feinde sein. Ich möchte nun von den theologischen, den gedanklichen Aspekten des heute nötigen Vollzugs von Religion und von Aufklärung reden.

Erlauben Sie mir, wieder mit der Erinnerung an meine subjektiven Motive zu beginnen.

Ich bin in die evangelische christliche Kirche hineingeboren, in ihr getauft und erzogen. Spätestens als ich 15 Jahre alt war, hatte ich die historische Relativität meines Kinderglaubens begriffen. Ein wilhelminisch konservativer Konfirmandenunterricht hätte mich fast aus der Kirche getrieben. Hätte das Schicksal mich nicht auch als Katholik, als Jude, Moslem, Hindu, Buddhist, als Atheist aufwachsen lassen können? Mythen und Dogmen sind gesellschaftsgebundene, tiefsinnige Gleichnisse; die größten Philosophen des Abendlands waren vorchristlich; die Naturwissenschaft gewinnt historisch jeden Kampf gegen kirchliche Defensivpositionen. Bis zum heutigen Tag ist mir im Grunde nicht einfühlbar, wie für einen gebildeten Menschen unserer Zeit diese Einsichten der Aufklärung anders als selbstverständlich sein können. Aber die erschütternde Wahrheit der Bergpredigt blieb unvergessen. Als Student lernte ich die ruhige Klarheit der Buddha-Reden kennen. Liturgische Gemeinschaft und meditative Einsamkeit vermittelten mir tiefe Erfahrungen. Ich erfuhr eigene Schuld und, durch sie, Reifung. Religiöse Gemeinschaften überdauerten hilfreich Tyrannis und Krieg. Wie habe ich diese Erfahrungen verantwortlich zu denken?

Gedanklich begegnet uns die Aufklärung wohl in drei Bereichen: Im Verständnis der Geschichte, in der Wissenschaft von der Natur, in der philosophischen Reflexion. In dieser Abfolge der Prioritäten möchte ich von ihr Rechenschaft ablegen.

2.1. Geschichte

Meinen subjektiven Weg zur Aufklärung habe ich eingeführt als Erkenntnis der historischen Relativität von Überzeugungen. Das ist durchaus keine Abwertung von Überzeugungen. Wenn die Wirklichkeit des Menschen sich in der Geschichte vollzieht, so bedeutet die Bindung von Überzeugungen an die jeweilige geschichtliche Situation gerade ihren Realitätsbezug, ihre echte Relevanz. »Liebe deinen Nächsten!« und »liebe deine Feinde!« heißt gerade: »Verstehe sie beide, den Nahen und den Fernen! Nimm beide so ernst, wie sie sich selbst verstehen!« Und das ist auch der Kern des historischen Denkens.

Zugang zur Theologie habe ich gefunden durch ihre historischen Fächer: durch die Exegese zuerst des Alten, später auch des Neuen Testaments, und schließlich durch die Geschichte der Kirche und der Theologie.

Das *Alte Testament:* Kaum befreit man es aus seiner altehrwürdigen christologischen Deutung, so leuchtet es auf als eines der größten Geschichtsdokumente der Menschheit. Das Volk Israel lebt, erkennt und leidet unter dem Geschenk, das ihm der Gott gemacht hat, der es zu seinem Volk ausgewählt hat: die Unterscheidung des Guten und Bösen. Diese klare Unterscheidung wurde später das Geschenk der Juden an die Menschheit. Die *Bücher Samuel* sind beste Geschichtsschreibung, gerade weil sie auch *den* Helden Israels, den König David, in allen seinen Schwächen kritisch sehen. Der Gott, der so sehen lehrt, muß der einzig wahre Gott sein. Also muß er auch die Welt gemacht haben. Damit fällt sein Licht auf die ganze Welt und ihre Geschichte.

In allen stabilen Kulturen gelten die sittlichen Regeln unerklärt. Wer sie rechtfertigt, hat sie schon in Zweifel gezogen. Für Israel sind sie Gebot Gottes, Bedingungen des konkreten Lebens als Volk. Die Propheten verstehen die fortschreitende Abnahme der Macht Israels unter den Völkern, schließlich sein Exil, als Folge des Ungehorsams gegen das Gebot Gottes. Aber sie verkünden Hoffnung im Leiden. In der Tiefe gewinnt die christologische Deutung dann recht: den Gottesknecht des *Deuterojesaja* konnten die Christen in Jesus erfüllt sehen.

Die Apokalyptik ist eine Geschichtsphilosophie der Leidenden und Hoffenden. Die Folge der vier Weltreiche, der Inbegriff der Macht von Menschen über Menschen, der Koloß auf tönernen Füßen, wird durch Gottes Willen gestürzt werden. Das Reich Gottes kommt. Die Luft dieser Erwartung hat Jesus eingeatmet.

Das *Neue Testament* habe ich in meinen späteren Jahren, als ich schon griechische Philosophie zu interpretieren gelernt hatte, direkt und naiv im Urtext gelesen. Eine sprachliche Bemerkung hat sich mir aufgedrängt. ἤγγικε ist ein Perfekt, also präsentisch zu verstehen. Das Reich der Himmel ist schon gekommen, es ist da, es ist mitten unter uns. Es wächst wie das Senfkorn zum Baum. Wie der Sauerteig durchsäuert es unser Leben. Der Sprachgewalt der Jesusworte bei den Synoptikern – ich wiederhole: ihrer Wahrheit – kann und will ich mich nicht entziehen. Die Reden Jesu bei Johannes sind ihm, nach dem schon von Thukydides formulierten Prinzip antiker Geschichtsschreibung, vom Verfasser in den Mund gelegt; sie sind tiefsinnige johanneische Christologie. Johannes und Paulus sind Interpretation; sie gehören schon der frühen Kirchengeschichte an. Ich kann dem Empfinden nicht entgehen, daß die überlieferte Christologie uns noch zwei Drittel der Wirklichkeit Jesu verhüllt. Aber: »Tut meine Worte und ihr werdet erkennen, daß sie wahr sind.«

Die Geschichte der Kirche: Was lehrt sie uns? Früh hat sich mir der Satz aufgedrängt: Niemand vor der Aufklärung hat die menschliche Geschichte so radikal vorangetrieben wie die Christen, die nur auf das Ende der Geschichte hofften. Der Hergang war paradox. Rasch erwartete man mit der sichtbaren Wiederkunft Christi den Untergang des letzten Weltreichs, des römischen. Das Gegenteil trat ein. Das Weltreich überdauerte, aber Christen wurden seine Herren. Sie mußten konkrete Verantwortung tragen. Sie lernten, sich als Machthaber zu verhalten. Die Spannung zwischen Caesar und Christus wurde zur inneren Spannung der christlichen Kirche. Diese Spannung, die in jedem Jahrhundert wieder ausbricht, treibt die Geschichte des Abendlands voran. Wir sollten auch ihre schrecklichen Aspekte begreifen. Die Intoleranz, die zu Inquisition und Glaubenskriegen führt, ist die Umwandlung des tiefen moralischen Impulses in selbstgerechten Eifer, die wir auch in modernen Ideologien beobachten: »Der Eifer um Dein Haus hat mich verzehrt.« Eigentlich das Gefährlichste ist aber die Versöhnung mit dem gegenwärtigen Zustand des Diesseits, welche die Hoffnung auf das Gottesreich in die Innerlichkeit und ins Jenseits verbannt. Sie forderte schließlich den Protest der politischen Aufklärung, sie forderte die Revolution heraus. Ich habe eingangs davon gesprochen, was wir heute zu realisieren haben, weil es bisher unterlassen wurde. Zweitausend Jahre sind eine kurze Zeit.

Aber wir haben heute andere Kenntnisse, eine andere

Bewußtseinslage als vor zweitausend Jahren. Wir müssen dieselben menschlichen Wirklichkeiten anders denken, in anderen Worten aussprechen. Die Sprache der Geschichtsschreibung, in der ich soeben gesprochen und wohl kaum einem theologisch Gebildeten etwas Neues gesagt habe, ist im wesentlichen ein Geschenk des 19. Jahrhunderts. Sie wurde entwickelt, als die Großmacht des neuzeitlichen Denkens, die Naturwissenschaft, schon die Vorherrschaft ergriff. Wir können heute Theologie nicht ohne den Blick auf die Naturwissenschaft entwerfen.

2.2 Naturwissenschaft

Man kann die Naturwissenschaft den harten Kern der neuzeitlichen Kultur nennen. Sie ist gewiß nicht der höchste Wunsch dieser Kultur, aber sie vermittelt die fraglosesten Gewißheiten. Deshalb wurden einige ihrer Siege über überlieferte kirchliche Meinungen zum Feldgeschrei der unvollendeten Aufklärung. Sigmund Freud nennt diese Siege, wohl zutreffender, Kränkungen des menschlichen Ich. Er nennt drei solche Kränkungen. Kopernikus lehrte uns, daß wir nicht der Mittelpunkt der Welt sind, Darwin, daß wir nicht Herren der Schöpfung, sondern Kinder der Tiere sind, die Psychoanalyse, daß das bewußte Ich nicht Herr im eigenen Hause, in der Seele ist.

Dies könnten drei Schritte zur Demut sein, zum tieferen Verständnis der christlichen Botschaft.

Was ist die theologische Relevanz der Naturwissenschaft?

Die Astronomie lehrt uns heute, daß wir auf einem Planeten einer Sonne leben. Unsere Galaxie, das Milchstraßensystem, umfaßt etwa hundert Milliarden solcher Sonnen. Unsere Instrumente können heute wenigstens hundert Millionen solcher Galaxien sehen. Diese Größenverhältnisse enthüllen nicht nur die Kleinheit des Menschen; sie stellen auch die Anthropozentrik unserer Gottesvorstellung bloß.

Was ahnen wir von jenen fernen Wirklichkeiten, deren Lichtschimmer uns gerade noch erreicht?

Die Natur hat eine Geschichte. Die uns sichtbare Welt expandiert. Sie scheint vor etwa zwanzig Milliarden Jahren begonnen zu haben. Unsere Erde ist etwa viereinhalb Milliarden Jahre alt. In dieser Zeitspanne entwickelte sich auf der Erde das Leben. Die Wirbeltiere sind rund sechshundert Millionen Jahre alt. Vor wenigen Millionen Jahren trat der Mensch auf. Vor zehntausend Jahren begann die kulturelle Geschichte, von der ich vorhin geredet habe. Die bisher letzte Sekunde im Tag der Evolution.

Diese Geschichte der Natur, die sich uns seit dem 17. Jahrhundert zu enthüllen begann, hat zu Rückfragen an den Schöpfungsbegriff geführt. Johannes Kepler, christlicher Neuplatoniker, sah in der Entdeckung der mathematischen, also harmonischen Gesetze der Planetenbewegung einen Gottesdienst. Etwas von diesem frommen Pathos meine ich bei allen großen Naturforschern durchzuspüren. Aber eine andere Wendung des Gedankens trat ein. Newton, der Keplers Gesetze aus den Grundgesetzen der Mechanik erklärte, ließ noch zu, in der anscheinenden mechanischen Unerklärbarkeit der Entstehung des Planetensystems einen Gottesbeweis zu sehen – ein Ingenieurgott, der eine Welt baut. Dieser Gottesbeweis aus den jeweiligen Lücken der Naturwissenschaft scheitert immer. Der junge Kant erklärte die mechanische Entstehung des Systems und sagte dazu, gut leibnizisch, höher als ein Gott, der Gesetze gebe und sie durchbrechen müsse, um eine Welt zu schaffen, sei ein Gott zu achten, der Gesetze gebe, nach denen die Welt notwendig habe entstehen müssen. Alle diese Spekulationen sind ehrenwert, aber doch wohl eine zu anthropomorphe Theologie. Sie scheinen zu fragen: Wie hätten wir die Welt gemacht, wenn wir Gott wären?

Andere und wohl tiefere Probleme stellen die heutige Physik und Biologie, zumal in ihrem Zusammenhang. Die Kerndisziplin der Physik ist jetzt die Quantentheorie. Sie erklärt auch die Gesetze der Chemie. Die Molekularbiologie sieht ferner keinen Anlaß, zur Erklärung des organischen Lebens andere Gesetze als die der Physik und Chemie zu verwenden. An der Abstammungslehre besteht kein Zweifel. Darwins Hypothese der Entwicklung durch Selektion läßt sich zwar kaum quantitativ beweisen. Aber fast alle Biologen halten sie für prinzipiell hinreichend. Ich gestehe, daß auch ich nie ein Argument gehört habe, das mich hätte vom Gegenteil überzeugen können. So wird auch der Mensch ein Teil der Einheit der Natur, ein Kind der Natur.

Dies zwingt uns zu einer philosophischen Reflexion auf den Sinn der verwendeten naturwissenschaftlichen Begriffe. Die Ungeklärtheit dieser Begriffe enthüllt sich vielleicht am deutlichsten im sogenannten Leib-Seele-Problem. Descartes verschärfte die alte Entgegensetzung von Leib und Seele zur Statuierung zweier Substanzen: Res extensa, die Materie, die der Mathematik gehorcht, und Res cogitans, das Bewußtsein, das sich selbst und die Materie denken kann. So verstanden, würde die heutige Biologie alles Lebendige, uns Menschen eingeschlossen, als Res extensa erklären, in der dann auf einmal, von ihr her unbegreiflich, das nach Descartes Gewisseste, das Bewußtsein auftaucht.

Nach meiner persönlichen Meinung bietet die Quantentheorie hier eine Lösung. Ich kann diesen Lösungsversuch im heutigen Vortrag nur in wenigen unkommentierten Sätzen andeuten. Die Quantentheorie ist im Ansatz abstrakt. Sie braucht den Raum und die ausgedehnte Materie nicht vorauszusetzen. Nach meiner Vermutung begründet sie vielmehr für jeden Gegenstand empirisch entscheidbare Alternativen, daß er eine räumliche Erscheinungsform haben, also im Sinne Descartes auch ausgedehnt erscheinen muß. Das gilt auch, wenn es sich um empirische Entscheidungen in der Selbstbeobachtung menschlichen Bewußtseins handelt; selbst das Bewußtsein müßte sich dann sekundär auch als Gegenstand im Raum, als Leib, wahrnehmen lassen. Die so interpretierte Quantentheorie wäre dann mit der Philosophie eines spirituellen Monismus vereinbar, in welcher, mit Schelling gesprochen, die Natur der Geist ist, der sich nicht als Geist kennt. Das aktuelle Bewußtsein taucht dann in der Evolution aus dem Meer der potentiell bewußten Seele auf. Wir alle wären Teile des einen Geistes.

So gedeutet wird die Evolution von den Lebewesen im Maße ihrer Höherentwicklung zunehmend subjektiv erlebt, und man muß sagen: erlitten. Erlitten, denn das Glück des Individuums ist nicht das Ziel der Darwinschen Selektion. Buddhas Ausgangspunkt, Dasein sei Durst und Leiden, ist diesem Bild der Wirklichkeit näher als alle abendländischen Harmonismen. Den Garten Eden hat es in der Evolution höchstens als Selbstwahrnehmung des Lebens in einem stabilen Biotop gegeben. Der Mensch, der die Geschichtlichkeit seines Lebens erkennt, ist aus dem Garten Eden vertrieben.

So werden wir zum Philosophieren genötigt. Wie gegenüber dem Mythos und gegenüber dem religiösen Glauben ist die Philosophie auch gegenüber der Wissenschaft nachträglich. Sie beginnt mit der staunenden Skepsis: Wissen wir, verstehen wir denn eigentlich, was wir gesagt haben?

2.3. Philosophie

Der Philosophie ist der christliche Glaube schon in seinen Anfängen begegnet, als der einzigen Sprache, in der er für Angehörige der hellenistischen Kultur ausgelegt werden konnte. Die griechische Philosophie kann ebensowohl als die Heimat der Aufklärung bezeichnet werden wie als die Religion der griechisch Gebildeten. Das Wort Theo-logie, vernünftige Rede von Gott, bezeichnet ursprünglich die Zentraldisziplin der Metaphysik. Die klare Unterscheidung von Wahr und Falsch, in der Mathematik erprobt, in der Philosophie erstrebt, ist das Geschenk der Griechen an die Menschheit. Theós ist für die Metaphysik der Name, den die Volksreligion dem höchsten Seienden gibt. Christliche Theologie erscheint historisch als das Kind der Ehe von christlichem Glauben und griechischer Philosophie. Eine fruchtbare Verbindung, und doch fast so spannungsvoll wie die Verbindung von Christus und Caesar in der Kirchenpolitik.

Ich kann mich dem Eindruck nicht entziehen, daß die Trinitätslehre, die zum Mittelpunkt christlicher Dogmatik wurde, ein Geschenk griechischer Spekulation an die Kirche, also ein Danaergeschenk war. Sie gestattete, tiefe christliche Erfahrungen auszusprechen. Ihre abstrakte Struktur, biblisch kaum belegt, erinnert mich an philosophische Gliederungen. Die Logos-Theologie ist wohl ursprünglich stoisch. Bei Plotin finden wir die Trias des unaussagbaren Einen mit dem Nus, der ewig das Eine anschaut, und mit der Psyche, die den Gehalt des Nus in die Zeit trägt.

Kann heute Theologie ihre Erfahrungen noch trinitarisch ausdrücken? Ich verdanke wichtige Belehrung darüber, wie dies in den letzten Jahrzehnten in der ökumenischen Bewegung geschehen ist, dem neuen Buch von Konrad Raiser *Ökumene im Übergang* (München 1989). Hier gebe ich ein paar eigene Reflexionen zu der Frage.

Den Glauben an Gott, den Schöpfer, haben Juden, Christen und Moslems gemeinsam. Etwas schematisch, rationalistisch, nennt man die drei dann monotheistische Religionen. Ich habe mir einmal das Schema von vier Aspekten der Religion zurechtgelegt: Religion war für lange Zeit Träger einer Kultur; sie hat sich schärfer artikuliert als radikale Ethik, als innere Erfahrung, als Theologie. Vom Reichtum dieser Aspekte im *Alten Testament* habe ich vorhin gesprochen. Gottes sittliches Gebot trägt das Leben des Volkes; Psalm, Gebet, Prophetie sprechen Erfahrung von Gottes Forderung und Beistand aus; schriftgelehrte Theologie legt die Erfahrung aus.

Jesus hat seine Jünger gelehrt, Gott als *unseren* Vater anzusprechen. Jesus ist als Sohn, wie Paulus sagt, der Erstgeborene von vielen Brüdern. Die Gegenwart Gottes in ihm wurde von allen, die ihm folgten, empfunden. Die Christologie, die ihn zugleich zur zweiten Person Gottes machte, erscheint mir als eine noch nicht gedeutete Gleichnisrede in einer Liturgie. Sie mag uns auch heute noch vor einer Psychologisierung dessen in seiner Botschaft warnen, was noch immer darauf wartet, sich uns in unserer Lebenspraxis zu erschließen, wenn wir bereit sind, seinen Worten zu folgen.

Von dieser Erfahrung in der Lebenspraxis handelt die Lehre vom Heiligen Geist. Er ist die Gegenwart Gottes in uns. Sie reicht von der gegenseitigen Liebe in einer Gemeinde, über den Lebensatem einer Versammlung, über die Fähigkeit, einen anderen Menschen in seinem Leiden und seinen Möglichkeiten zu sehen, über die stärkende und strafende prophetische Rede, die nicht in unserer Macht steht, bis zum stillen Gebet und der unaussprechbaren kontemplativen Erfahrung.

Warum habe ich von der Trinitätslehre unter dem Titel der Philosophie gesprochen? Von Martin Luther über Blaise Pascal bis Karl Barth hat es die Tendenz gegeben, die griechische Ontologie aus der christlichen Theologie zu entfernen. Tiefen Respekt vor den Motiven der drei großen Eiferer! Aber es ist dann gut, zu sehen, daß auch die Trinitätslehre philosophischen Ursprungs ist. Philosophie ist der stets wiederholte Versuch, zu verstehen, was man selber sagt. Auch heute.

Philosophiehistorisch ist wohl der wichtigste Vorgang der letzten zwei Jahrhunderte der Übergang von der überzeitlichen Metaphysik zur Anerkennung der Geschichtlichkeit. Sollte ich in der deutschen Tradition drei Träger dieser Bewegung nennen, so wären es wohl diese: Hegel, ein letzter Versuch der Versöhnung beider Tendenzen; Nietzsche, die Stimme des radikalen Bruchs zwischen beiden; Heidegger, das nichtendende Durchdenken des Konflikts. Entscheidend trug die Naturwissenschaft bei durch Kosmogonie und Evolutionslehre, und die Geschichtswissenschaft durch Erkenntnis der Relativität und damit der Realität der Überzeugungen, von der ich vorhin ausgegangen bin.

Auf uns Christen wartet heute noch wenigstens eine bisher unentdeckte Erfüllung der christlichen Botschaft: das Ernstnehmen der Religionen der Menschheit. Noch bleibt uns diese Erfüllung verschlossen, soweit wir angstvoll auf der Einzigkeit unserer Botschaft beharren.

3. Die Religionen der Menschheit

Noch einen Blick möchte ich gemeinsam mit Ihnen, meine Mitchristen, meine wissenschaftlichen Kollegen, meine Zuhörer, auf diese unbekannte Zukunft werfen.

Die abendländische Kultur ist eine spätgekommene unter den Kulturen der Menschheit. Durch überlegene Technik hat sie in den letzten Jahrhunderten eine zeitweilige Weltherrschaft erworben. Der überseeische politische Kolonialismus ist schon wieder versunken. Die ökonomische Weltherrschaft dauert noch an, mit den tiefen funktionalen und moralischen Problemen, von denen ich gesprochen habe. Wenn auch sie versinkt, wird, soferne die Menschheit überlebt, doch eine unumkehrbare geistige Veränderung zurückbleiben. Sie wirkt auch auf das Abendland zurück, sie beginnt, unsere provinzielle Egozentrik fragwürdig zu machen. Wie hat christliche Theologie an diesem Bewußtseinswandel teilzunehmen?

Ich möchte mich noch einmal daran erinnern, wie ich im Schüleralter in die Aufklärung eingetreten bin. Sollte es Gott gefallen haben, nur uns, hier, den wahren Glauben zu offenbaren, die anderen aber in Irrlehren versinken zu lassen? Das zu glauben, war ich nicht bereit. Aber daß die Relativierung allein noch kein Problem löst, das wußte ich schon, als diese Fragestellung mich erschütternd überfiel. Relativierung kann mich meiner inneren Kompaßnadel berauben, ohne mir eine andere zu geben. Wo verschiedene Religionen willens sind, tolerant miteinander zu leben, sind meist ihre Urteile übereinander und daher oft auch über ihre eigene Substanz von jenem etwas oberflächlichen Rationalismus bestimmt, mit dem man das beschreibt, was man nicht wirklich versteht. Es mag aber immerhin belehrend sein, einige solcher Urteile zu mustern.

In der Abfolge der Religionen der hebräischen Tradition konnten stets die späteren die früheren anerkennen, die früheren aber die späteren nicht. Die Juden konnten den christlichen Messias-Anspruch für Jesus nicht gelten lassen; die Christen nahmen die Bibel der Juden in ihren Kanon auf. Mohammed anerkannte Moses und Jesus als Propheten; die Christen verwarfen den prophetischen Anspruch Mohammeds. Der Perser Baha'Ullah lehrte im 19. Jahrhundert, Gott habe die Propheten mit derselben Botschaft des Friedens gesandt, ihre Anhänger aber seien in Krieg gegeneinander eingetreten; seine Jünger, die Baha'i, werden im heutigen Persien verfolgt. Hindus, Buddhisten, Konfuzianer verstehen die Intoleranz der westlichen Religionen nicht. Moderne Juden sagten mir:»Jesus war der größte Rabbi; ihn zum Gott zu machen, war Gotteslästerung.« Hindus sagten mir:»Jesus war eine der größten göttlichen Inkarnationen; ihn zur einzigen zu erklären, war jüdischer Fanatismus.« Für manche europäische Aufklärer des 18. Jahrhunderts war die konfuzianische Staats- und Gesellschaftsmoral die einzige glaubwürdige Religionsform. Die moderne Religionswissenschaft lehrt uns deutliche Unterschiede sehen: Hinduismus und Konfuzianismus sind Gesellschaftsordnungen, Buddhismus und Vedanta sind Erlösungslehren für das Individuum, die jüdisch-christlich-islamische Tradition ist, an das Volk Gottes anknüpfend, politisch. Deshalb wurde Jesus gekreuzigt, Buddha nicht. Politisch freilich im umfassenden Sinn: undenkbar ohne Metanoia, ohne innere Umkehr. Heute durchdringt europäischer Wissenschaftsglaube und Relativismus die Intellektuellen Asiens; europäisch-amerikanische Enttäuschung am Rationalismus verkündet ein von asiatischen Traditionen erleuchtetes New Age.

Ich möchte einige Reaktionen christlicher Theologie mustern. Es gibt traditionell einen heute noch einmal auflebenden christlichen Fundamentalismus, der die Bibel als Gottes wörtliches Diktat auffaßt. Ich möchte ein gutes Wort für ihn einlegen, auch wenn seine Vertreter es mir vermutlich nicht danken werden. An sich ist dieser Wortglaube ein zu simpler Rationalismus, der Gleichnisreden nicht als solche erkennt, auch nicht ihre Angepaßtheit an das Verständnis des Angeredeten und an das Wissen des Redenden. Aber oft gibt ein simpler Glaube Menschen die Kraft zu ungebrochenem liebendem Handeln, und zum naiven Aussprechen von Wahrheiten. Ich war im konziliaren Prozeß jederzeit bereit, mit Evangelikalen in gegenseitiger Achtung zusammenzuarbeiten. Gemeinsam getane Arbeit setzt theologische Einigung nicht voraus; sie kann aber zu besserem Verständnis auch theologischer Positionen am Ort des Partners führen.

Die christliche Theologie ist über den wörtlichen Fundamentalismus längst hinausgewachsen. Ich empfinde aber in ihr oft einen Rest eines subtileren Fundamentalismus, eine Angst, sich auf die Wahrheit wirklich einzulassen, die uns z. B. in klassischen nichtchristlichen Religionen begegnet. Ein Schutzwort solcher Angst ist die Warnung vor »Synkretismus«. Sachlich ist die Warnung berechtigt. Die Gehalte der verschiedenen Religionen sind keineswegs identisch und nicht ohne tiefe Gefahr für das gelebte Leben mischbar. Sie sind nicht identisch im unermeßlich wichtigen Alltag; dafür sind die Lebensformen der von ihnen spirituell getragenen Kulturen zu verschieden. Sie nähern sich der Identität in den höchsten Stufen einer reinen Ethik und der kontemplativen, mystischen Erfahrung. Sie unterscheiden sich wieder tief in den philosophischen Interpretationen dieser höchsten Erfahrungen und ihres Zusammenhangs mit der Welt um uns und dem menschlichen Alltag. Dies berührt einen Bereich, in dem ich Lehrerfahrung habe. Nicht zwei der großen abendländischen Philosophen kann man in ihren Lehren aufeinander abbilden oder ohne Wahrheitsverlust mischen; jeder

Versuch, sie zusammenzudenken, führt, wenn er gelingt, zu einer neuen Philosophie. Der Theologie kann es nicht anders gehen.

Eine solche Erfahrung hat die christliche Theologie schon in ihrer Entstehung aus der Begegnung zweier Religionen gemacht: dem noch jüdisch redenden christlichen Glauben und der Bildungsreligion der griechischen Philosophie. Ich habe die Unterscheidung von Gut und Böse das Geschenk der Juden, die Unterscheidung von Wahr und Falsch das Geschenk der Griechen an die Menschheit genannt. Jeder klassische Text christlicher Theologie kündet vom fruchtbaren Ringen dieser Geschenke. Als ein Geschenk der Inder an die Menschheit könnte man die Advaita-Erfahrung der Gegensatzlosigkeit des Einen auffassen, im Abendland in neuplatonischen Gedanken gegenwärtig.

Ich habe Ihnen soeben, wie im ganzen Vortrag, nur ungelöste Aufgaben vor Augen gestellt. Mehr konnte ich nicht leisten. Ich ende mit einer Anekdote, die ich schon oft erzählt habe. Sie bezieht sich auf die Sache, von der ich geredet habe, und zugleich auf den Genius loci, da sie von einem großen Basler handelt. In dem einen langen Gespräch, das ich mit Karl Barth hatte, etwa 1951, sagte ich: »Von Galilei führt ein schnurgerader Weg zur Atombombe. Darf ich die Physik, die ich liebe, weiter treiben?« Er antwortete: »Wenn Sie glauben, was die Christen bekennen, aber kaum einer glaubt, daß nämlich Christus wiederkommt, so dürfen Sie, ja sollen Sie weiter Physik treiben. Wenn Sie es nicht glauben, müssen Sie sofort aufhören.« Ich war dankbar und habe die Physik mehr als zuvor zum Mittelpunkt meiner Arbeit gemacht. Ich wußte, daß er eine Gleichnisrede gebraucht hatte, deren geschichtlich-konkrete Erfüllung er selbst nicht wissen konnte; und ich wußte, daß auch er das wußte. Aber ich traute dem Gleichnis und traue ihm noch immer.

5
Europa: Hilfe zur Selbsthilfe

Februar 1990

Dieser Aufsatz – eher ein Aufruf – trägt eine einzige These vor: Es ist nicht nur eine moralische Pflicht, sondern es liegt im dringenden, gesund-egoistischen Interesse der westlichen Nationen in Europa und Nordamerika, so rasch wie irgend möglich der Gesamtheit der osteuropäischen Nationen eine wirtschaftlich-finanzielle Unterstützung zukommen zu lassen, die, nicht in ihrer Struktur, aber in ihrer Größenordnung, wenigstens mit dem Marshall-Plan von 1948–52 verglichen werden kann.

Der Aufsatz wird in Deutschland, von einem Deutschen, geschrieben. Bei den Deutschen steht in diesen Wochen im Vordergrund das Verlangen nach der Einheit Deutschlands. Die Einheit Deutschlands dürfen wir nur wollen als Teil einer neuen, friedlichen Einheit Europas. Im Rahmen der angestrebten europäischen und deutschen Einheit ist es heute die vordringliche Aufgabe, den noch immer fortschreitenden wirtschaftlichen Verfall der jeweils östlichen Partner aufzufangen und in wirtschaftlichen Aufstieg umzuwandeln. Nur unter dieser Bedingung ist in Europa friedliche Stabilität möglich. Die Aufgabe ist lösbar unter zwei Bedingungen. Die westlichen Partner müssen die absolute Dringlichkeit der Aufgabe in ihrem wohlverstandenen Selbstinteresse erkennen und müssen daher die nötigen, für westliche Wirtschaftskraft sehr wohl erschwinglichen finanziellen Aufwendungen erbringen. Die östlichen Partner müssen sich bereit finden, eine Wirtschaftsform entstehen zu lassen, in der diese Zuwendungen Früchte tragen können.

Eine Erinnerung an die Größenordnung des Marshall-Plans sei vorausgeschickt. In seinem Rahmen wurden von den Vereinigten Staaten von Amerika im ganzen ca. 13

Milliarden Dollar an alle westeuropäischen Länder (mit Ausnahme von Spanien) gezahlt. Dies waren vier Jahre lang jeweils ca. 8% des US-Staatshaushalts. Nach heutiger Kaufkraft bedeutet es etwa 170 Milliarden D-Mark. Diese Summen waren Hilfe zur Selbsthilfe. Sie waren weitaus kleiner als die Beträge, die notwendig gewesen wären, um die Schäden des Zweiten Weltkriegs zu ersetzen. Sie reichten aber aus, um einen Anfang des Wiederaufbaus aus eigener Kraft in einem funktionsfähigen Wirtschaftssystem zu machen, und damit gaben sie Mut zu Demokratie und sozialer Marktwirtschaft. Dadurch stabilisierte sich zugleich die politische Beziehung zwischen USA und den Empfängernationen. Insofern lag damals der Marshall-Plan im dringenden Interesse des gesunden Egoismus nicht bloß der Empfänger, sondern vor allem auch der USA. Die amerikanische Regierung wäre bereit gewesen, auch alle osteuropäischen Nationen in den Kreis der Empfänger einzubeziehen. Es war Stalins machtegoistisches Interesse, daß er die Annahme des Angebots durch alle Staaten des Warschauer Pakts verweigerte.

Die Struktur der Zuwendungen muß heute anders sein als damals. Die Marshall-Gelder wurden global an die Regierungen gegeben. Sie waren am erfolgreichsten, wo sie, wie in der Bundesrepublik, einer entschlossen durchgesetzten Marktwirtschaft zugutekamen. Im heutigen Osteuropa, wo mehrere Jahrzehnte fortschreitenden Verfalls in der Planwirtschaft mühsam überwunden werden müssen, setzt die Wirtschafts- und Finanzhilfe detaillierte Zusammenarbeit zwischen Gebern und Empfängern voraus. Die Bedingungen sind von Land zu Land verschieden. Hier können nur unter drei Titeln – Deutschland, Europa, Sowjetunion – die politischen Vorbedingungen und eine Schätzung der notwendigen Größenordnung der Hilfe gegeben werden. Dabei bezeichnet der dritte Titel – Sowjetunion – die wichtigste und schwierigste Aufgabe.

Die DDR erlebt im jetzigen Augenblick unter den Staaten des Ostblocks wohl den gefährlichsten Verfall der Wirtschaft. In der Sicht mehrerer Jahre aber hat sie allem Vermuten nach die beste Prognose für einen wirtschaftlichen Neuaufbau.

Beides liegt an ihrer Öffnung zur Bundesrepublik, letztlich an der Einheit des deutschen Volkes. Die Öffnung beraubt heute die DDR durch den fortdauernden Übersiedlerstrom wichtigster Arbeitskräfte. Die Einheit des deutschen Volkes, einerlei in welcher Form und in welchem Tempo sie politische Gestalt annimmt, nötigt andererseits die Bundesrepublik, alles in ihren Kräften Stehende für den Aufbau zu tun. Und der Wille, eine soziale Marktwirtschaft zu schaffen, welche diese Zuwendungen fruchtbar umsetzt, hat heute in der DDR eine breite demokratische Mehrheit.

Form und Weg der politischen Einigung sind nicht Thema dieses Aufsatzes und brauchen es nicht zu sein. Denn die Kosten, welche der Bundesrepublik notwendigerweise erwachsen werden, hängen davon nicht entscheidend ab; sie bemessen sich nach der realen wirtschaftlichen und finanziellen Lage der DDR.

Eine genaue Abschätzung der Kosten ist schwer. Die Zeitschrift *Wirtschafts-Woche* hat unlängst (Nr. 3, 12. 1. 1990) die Summen zu schätzen versucht, die aufgebracht werden müßten, um die Wirtschaft der DDR auf das heutige Niveau der Bundesrepublik zu bringen. Sie schätzt 890 Milliarden D–Mark für Investitionen, die privat aufzubringen wären, und 350 Milliarden D–Mark für Infrastruktur aus öffentlichen Mitteln, davon 150 Milliarden für Umweltschutz und je 100 Milliarden für Verkehr und Wohnungsbau. Sie gibt nicht an, auf welche Zeit sich diese Summen zu verteilen hätten. Nimmt man 10 Jahre an, so ergäben sich pro Jahr 35 Milliarden Mark öffentliche Mittel; für 5 Jahre wären jährlich 70 Milliarden öffentlich aufzubringen.

»Hilfe zur Selbsthilfe« bedeutet, daß in den ersten Jahren die erforderlichen Summen von außen, also vorwiegend von der Bundesrepublik aufgebracht werden müssen, für Infrastruktur direkt vom Staat, für private Investitionen unter einer gewissen staatlichen Risikogarantie. Wieweit die Selbsthilfe später die Kosten selbst tragen kann, wird sich zeigen. Auf keinen Fall bleiben der Bundesrepublik die Kosten erspart. Die *Wirtschafts-Woche* berechnet, daß bei unzureichendem Aufbau im DDR-Gebiet die Kosten der Aufnahme der dann unweigerlich in die Bundesrepublik übersiedelnden Arbeitslosen weit die Kosten übersteigen würden, die ein effizienter Aufbau erfordert hätte.

Erkennen wir die Notwendigkeit, so gibt es jedoch Grund zum Optimismus. An der Kraft zur Selbsthilfe einer auf dem Boden der DDR errichteten Marktwirtschaft haben wir keinen Anlaß zu zweifeln. Und die Bundesrepublik würde sich lächerlich machen, wenn sie, heute die stärkste Wirtschaftspotenz Europas, die erforderlichen Mittel nicht aufbrächte.

Die wahre Bedingung der Stabilität auch einer zukünftigen wirtschaftlichen Einheit Deutschlands ist, daß sie sich aktiv und hilfsbereit in die entstehende wirtschaftliche Einheit Europas einordnet.

Europa

Es liegt im dringenden Eigeninteresse aller europäischen Staaten außerhalb des Warschauer Pakts, insbesondere im Interesse der EG, den Staaten dieses Pakts so bald wie irgend möglich eine große finanzielle Hilfeleistung für den Aufbau einer sozialen Marktwirtschaft zu gewähren. An ihrer wirtschaftlichen Erholung hängt in den kommenden Jahren ihre politische Stabilität, und an dieser hängt der soziale und politische Friede in ganz Europa.

Die erforderliche Gesamtsumme als Hilfe zur Selbsthilfe hat Helmut Schmidt in einem Artikel gemeinsam mit Marion

Gräfin Dönhoff vor einem Vierteljahr (Die Zeit, 17. 11. 1989) noch sehr vorsichtig auf 15 Milliarden Ecu, d. h. etwa 30 Milliarden Mark, verteilt über drei Jahre, geschätzt. Heute befragt, hält er die erforderliche Summe für spürbar höher. Dabei war als Spender die EG vorausgesetzt, und als Empfänger diejenigen Staaten, welche durch Schaffung einer Marktwirtschaft die Voraussetzung für adäquate Verwendung der Gelder erzeugen würden. Damals nannte Schmidt zunächst Ungarn und Polen, setzte aber mit Recht baldige Hoffnung auch auf die DDR und die Tschechoslowakei. Eine Investitionsbank für wirtschaftliche Hilfe an Osteuropa würde zur Verwaltung der Gelder bestimmt sein. Auch die EG wäre selbstverständlich fähig, wenigstens diese Summen aufzubringen, sobald ihre Notwendigkeit erkannt wäre. Und wer dürfte sich bei ernsthaftem Nachdenken gegen diese Erkenntnis sträuben!

Diese europäischen Aktivitäten sollten mit den unvermeidlichen innerdeutschen Aktivitäten so eng wie irgend möglich verbunden, in wichtigen Fällen identifiziert werden. Es wäre politisch schlechthin unerträglich und daher für die deutsche Zukunft unmittelbar gefährlich, wollte die Bundesrepublik, unter Verweis auf ihre deutsch-deutschen Pflichten, nicht ihren vollen, unverminderten Anteil an den Leistungen der EG tragen. Andererseits sind die notwendigen Leistungen an die DDR zu erheblichen Teilen vom selben Typ wie die an die anderen osteuropäischen Länder: es würde zum Zusammenwachsen Europas und damit zur Beruhigung der Sorgen unserer Nachbarn über Deutschland beitragen, wenn die DDR-Hilfe zum Teil von anderen westeuropäischen Staaten getragen, auch etwa durch westeuropäische Geschäftsgemeinschaft mit der DDR realisiert würde.

All dies ist notwendig und kann sehr wohl geleistet werden. Die wahre Bedingung der Stabilität Europas liegt in der Einbeziehung der Sowjetunion.

Die Einbeziehung der Sowjetunion ist die *bei weitem wichtigste* und zugleich schwierigste Aufgabe heutiger europäischer Politik, auch der Wirtschaftspolitik.

Die wichtigste und schwierigste Aufgabe: Die bisherige Politik Gorbatschows dokumentiert, daß in der sowjetischen Führungsschicht eine Erkenntnis Platz gegriffen hat, die Stalin einst geleugnet, und die Breschnew verdrängt hat. Der Kapitalismus, so erkennt man jetzt, bricht auf absehbare Zeit nicht zusammen; das innere Machtsystem von Partei und Planbürokratie hindert den Fortschritt von Wirtschaft und Gesellschaft; Zurückbleiben in der internationalen Konkurrenz und Verrottung der inneren Strukturen bis zur Gefahr des Zusammenbruchs ist die Folge. Eine Staatsführung, die dies erkennt, ist in der unsagbar schweren Lage, Strukturen ändern zu müssen, welche vorerst noch die einzige Garantie bieten, daß ihr Wille überhaupt durchgeführt werden kann. Um es am Beispiel der Wirtschaft zu erläutern: In einem Lande, das seit 70 Jahren keinen offenen Markt gekannt hat, haben die Arbeiter aus Angst vor Repressalien ihre Pflicht getan; wenn durch begonnene Liberalisierung das Motiv der Angst abgebaut wird, ohne daß das Marktmotiv für Hoffnung und Fleiß schon wirksam wäre, so muß sich die Leistung und damit die Versorgung der Bevölkerung mit Gütern immer weiter verschlechtern.

Am Erfolg des Reformkurses aber kann der Friede, also die Zukunft, Europas hängen. Der Sieg der demokratischen Revolution in sechs Ländern des Warschauer Pakts wäre ohne die wissende Duldung Gorbatschows unmöglich gewesen. In jedem der Länder hätte er militärisch eingreifen können, wenn er gewollt hätte; noch heute hätte er die Mittel dazu. Der Erfolg dieser Revolutionen aber führt nun zu einer gewaltigen Ermutigung des Nationalismus auch in vielen Sowjetrepubliken. In unserem Jahrhundert sind alle über See gegründeten Kolonialreiche aufgelöst worden; das russische, schon von den Zaren über Land gegründete, ist das einzige, das noch besteht. Dies ist nicht die Schuld der heutigen Führung im Kreml, aber es ist ihr Problem. Ich weiß, daß sie es sieht. Objektiv wäre vermutlich für die russische Nation, von Leningrad bis Wladiwostok reichend, die Umwandlung ihres äußeren Reichs etwa in ein lockeres Commonwealth schlicht eine Entlastung von vielen Problemen. Aber eine Moskauer Führung, die dies zulassen wollte, müßte innenpolitisch wenigstens den Nimbus haben, den ihr eine erfolgreiche Wirtschaftspolitik gäbe. So hängt eine durch zwei Kontinente zu erzeugende Friedensordnung vom wirtschaftlichen Erfolg ab.

Zwei amerikanische Präsidenten nacheinander, Reagan und Bush, haben erkannt, wie wichtig, und wie möglich, für ihr Land die friedliche Kooperation mit der Sowjetunion ist. Daß Europa nur friedlich zusammenwachsen kann, wenn die Sowjetunion mitwirkt, liegt auf der Hand. Wie soll Deutschland in friedlicher Stabilität geeinigt werden, solange Nato und Warschauer Pakt feindliche Bündnisse sind? Also haben wir im Westen ein vitales Interesse daran, daß die Sowjetunion sich wirtschaftlich stabilisiert. Gefährlich für uns wird sie nicht, wenn sie wirtschaftlich gesundet, wohl aber wenn sie tödlich erkranken sollte. Nicht Fortschritt, sondern Verzweiflung ist die Gefahr.

Begrenzte Hilfeleistungen in der Versorgung, soeben z. B. durch die Bundesrepublik Fleisch für Moskau im Wert von 200 Millionen Mark, werden heute schon erbracht. Sie sollten jedenfalls erheblich erweitert werden. Das Problem der Ernährung des sowjetischen Volks liegt jedoch letztlich nicht an der Produktionskapazität, die völlig ausreichen würde; es liegt überwiegend am Versagen des Transports und der Verteilung. Es liegt eben an der Struktur der Wirtschaft im Großen.

Bei der Entwicklung der Wirtschaftsstruktur liegt die Schwierigkeit darin, daß der Westen der Sowjetunion nicht Bedingungen dafür stellen kann, welchen Weg zur Marktwirtschaft, oder gar zur uneingeschränkten Marktwirtschaft sie gehen solle. Dies muß ihr Problem und ihre Entscheidung bleiben. Es ist aber z. B. denkbar, wirtschaftliche Zusammenarbeit und verbunden damit finanzielle Unterstützung, beide in großem Ausmaß, an ein anderes gemeinsames Projekt großen Ausmaßes zu koppeln: an die Abrüstung. Reduktion der konventionellen Waffen- und Truppenstärken und, mindestens so wichtig, Schritte zu einem nur zur Defensive, nicht zum Angriff geeigneten Waffensystem, dienen in sich selbst bereits dem Frieden; sie dokumentieren ihn, mehr als sie ihn erzeugen. Mit ihnen könnte, schon durch die Ersparnis an Rüstungskosten, Wirtschaft gefördert werden. Dies ist natürlich der sowjetischen Führung voll bewußt. Hieran aber ließe sich, ohne den Eindruck unerträglicher Einmischung in innersowjetische Angelegenheiten, eine im beiderseitigen Interesse liegende wirtschaftlich-finanzielle Vereinbarung großen Ausmaßes anschließen.

Die Chancen sind da. Die Zeit drängt.

6
Ein Schritt auf dem Weg

Seoul im März 1990

Dieser Beitrag ist in Seoul (Korea) geschrieben, am Tag nach dem Abschluß der christlichen Weltversammlung für Gerechtigkeit, Frieden und Bewahrung der Schöpfung, zu welcher der Ökumenische Rat der Kirchen (ÖRK) eingeladen hatte. Diese Versammlung war ein Schritt auf einem Weg, der noch nicht zu Ende gegangen ist.

Ein früherer Schritt war die europäische Versammlung für Frieden in Gerechtigkeit, in Basel, Pfingsten 1989, zu welcher der Rat der (katholischen) europäischen Bischofskonferenzen und die Konferenz europäischer Kirchen (d. h. der nicht-römisch-katholischen Kirchen) gemeinsam eingeladen hatten. Diese Zusammenkunft war wohl für alle Beteiligten ein großes Erlebnis. Von mir würde ich sagen: sie war eine der großen Erfahrungen meines Lebens. Das Dokument, das in Basel schließlich verabschiedet wurde, ist lesenswert. Aber es kann nicht spiegeln, was die Anwesenden erfuhren: das Zusammensein der Christen aus den seit Jahrhunderten getrennten Kirchen, in Gemeinschaft, im Gottesdienst, im Gebet, im Gespräch, in der Suche nach Lösungen der großen Probleme unserer Zeit, ohne Eifersucht, ohne Zorn. Dazu kam, daß die Stadt Basel ein Fest daraus machte, daß viele, zumal junge Menschen von allen Seiten her teilnahmen.

Der nächste Schritt war nun die Weltversammlung (Konvokation) in Seoul. Zu ihr hatte der Ökumenische Rat der Kirchen, in Genf, eingeladen, die katholische Kirche war nur durch Beobachter und Berater vertreten. Die Teilnehmer kamen aus allen Kontinenten der Erde. Auch Vertreter der nichtchristlichen Religionen waren als Gäste anwesend.

Diese Versammlung war kein Glückserlebnis, aber um so mehr eine notwendige Erfahrung, eben ein Schritt auf einem langen Weg. Höchst symbolisch tagten wir in der Schwerge-wichtheber-Halle des Olympiazentrums der 10-Millionen-Stadt, nahe unermeßlichen modernsten Mietskasernen. Es gab eine Fülle warmherziger menschlicher Begegnungen. Es gab eine Reihe von »Bundesschlüssen« zwischen Gruppen verschiedener Herkunft. Tief eindrucksvoll eine gemein-same Erklärung von Juden, Christen und Moslems aus Palä-stina zum Frieden in ihrem Land. Es gab schöne und instruk-tive Begegnungen mit den koreanischen Gastgebern. Aber das allbeherrschende Thema war der unstillbare Zorn des Südens der Menschheit über die ökonomische Diktatur des Nordens. In Europa und Nordamerika verbreitet sich zur Zeit der Mythus, der Sozialismus sei am Ende; in dieser Versammlung aber wurde man von der Mehrheit nicht mehr ernstgenommen, wenn man ein gutes Haar am Kapitalismus ließ. Man verabschiedete nach ermüdender, durch Zeitman-gel in der knappen Woche bedrängter Diskussion in Arbeits-gruppen und im Plenum der über 500 Delegierten ein relativ kurzes, lesbares Dokument. Es besteht aus etwas feierlichen »Affirmationen« und aus vier Selbstverpflichtungen (Acts of Covenanting), zur Weltwirtschaft (Schuldenkrise), zum Mi-litarismus, zum atmosphärischen Klimaproblem und zum Rassismus. Das Präziseste in dem Text sind die den Selbst-verpflichtungen beigelegten, sehr sorgfältig geschriebenen Detailaussagen. Ein längerer Text, der nicht verabschiedet, sondern nur entgegengenommen werden sollte, wurde zur Endredaktion nach Genf zurückgeschickt. Das Leiden an dem Ungenügen des Geleisteten war, so glaube ich, höchst belehrend für alle Teilnehmer und eine unbedingt notwen-dige Vorbereitung zum nächsten Schritt auf dem Weg.

Was ist der nächste Schritt?

Ein Zwischenschritt sollte wohl sein, daß auf der Vollver-sammlung des ÖRK in Canberra im Februar 1991 wenig-stens ein voller Tag der Wiederaufnahme der Thematik von Gerechtigkeit, Frieden und Bewahrung der Schöpfung ge-widmet sein sollte. Aber mehr als das muß und kann folgen.

Deutsche Journalisten haben mich gefragt: »Ist diese Versammlung das, was Sie sich 1985 auf dem Kirchentag in Düsseldorf unter einem Konzil des Friedens vorgestellt haben?« Die Antwort muß lauten: »Selbstverständlich *noch* nicht.« Der Ton liegt auf dem »noch«. Nach wenigen Jahren könnte und sollte eine Versammlung von vielleicht nur hundert oder zweihundert Delegierten stattfinden, an die ich drei Bedingungen stellen würde, zwei unerläßliche und eine erwünschte: unerläßlich eine Dauer von etwa vier Monaten, unerläßlich die volle Mitträgerschaft und damit natürlich der mitprägende Einfluß der katholischen Kirche, erwünscht eine Änderung des Sprachstils der veröffentlichten Äußerungen.

Zur *Dauer:* In Düsseldorf war ich eingeladen, auf einem Podium zu sitzen, das über einen Aufruf zu einem Friedenskonzil beraten sollte. Ich formulierte dann den Text, der schließlich verabschiedet wurde; danach hielten mich einige Leute für den Erfinder des Gedankens und Namens, der in Wahrheit in Vancouver 1983 von der evangelischen Kirche der DDR vorgeschlagen war. Den Namen habe ich bald danach willig aufgegeben. Gerechtigkeit und Schutz der Natur mußten ins Thema aufgenommen werden; der Name »Konzil« wäre der katholischen und der orthodoxen Kirche für diese Versammlung nicht akzeptabel gewesen. Aber die Dauer der christlichen Konzilien ist unerläßlich, wenn man einen Text verabschieden will, der Wort für Wort durchdacht und durchdiskutiert ist, den deshalb »die Welt nicht überhören kann«. Wenn man nicht mit dieser Sorgfalt arbeiten will, soll man zu Hause bleiben. Gerade die in Seoul offenkundig gewordenen, tiefbegründeten Affekte können und sollen in naher mitmenschlicher Zusammenarbeit ausgesprochen werden. Aber dann muß ebenso ernsthaft erwogen werden, was konkret, praktisch zur Überwindung des Elends getan werden kann. All dies braucht Zeit.

Zur *Mitträgerschaft der katholischen Kirche:* In Basel war genau dies die Vorbedingung für die Größe der gemeinsamen Erfahrung und damit für alles weitere Handeln. In Seoul waren immerhin etwa 150 Katholiken anwesend, die an den Beratungen höchst befruchtend teilnahmen. Aber der Vatikan hatte sich 1987 entschieden, nicht – wie er vom ÖRK gebeten war – gemeinsam mit dem ÖRK einzuladen, und im Herbst 1989 darüber hinaus, den katholischen Teilnehmern nicht den Status von stimmberechtigten Delegierten zu geben. Schuldzuweisungen sind schädlich, aber der Versuch, eigene Fehler zu erkennen, kann nützlich sein. 1987 kam nach monatelangem Zögern Roms die Antwort an den ÖRK, es entspreche nicht dem katholischen Verständnis von Kirche, daß die katholische Kirche gemeinsam mit einer Organisation wie dem ÖRK eine solche Einladung ergehen lasse. Diese spezielle Antwort wäre wohl vermieden worden, wenn der ÖRK die katholische Kirche von Anfang an ausdrücklich gebeten hätte, gemeinsam mit den im ÖRK vertretenen Kirchen einzuladen. Als ich im September 1989, bewußt ohne kirchlichen Auftrag, sondern als Privatperson, im Vatikan lange Gespräche über die Möglichkeit katholischer Teilnahme führte, sagten mir auch prominente Befürworter der Teilnahme, es sei ihnen nicht gelungen, aus Genf eine klare und bindende Auskunft darüber zu bekommen, worauf sie sich mit der Teilnahme real einlassen würden. Diese Antwort wäre wohl vermieden worden, wenn die katholische Kirche sich 1987 entschlossen hätte, mit einzuladen; sie hätte damit den nötigen Einfluß auf die Planung gewonnen. Zur Zukunft: Eine Wiederholung der Weltversammlung ohne katholische Mitträgerschaft enthielte die Gefahr, die unchristliche Gegnerschaft zwischen den christlichen Kirchen zu vertiefen. Eine Wiederholung unter katholischer Mitträgerschaft wäre der wichtigste Schritt zur Erfüllung dessen, was mit dieser Versammlung gemeint war.

Zur *Sprache:* Hier liegt ein echtes Kommunikationsproblem vor. Wenn ich Menschen, die nicht theologisch vorgebildet oder doch regelmäßige Kirchenbesucher sind, Texte vom Typ der hier verabschiedeten Dokumente zeige, so bekomme ich meist die Reaktion: »Schon die ersten Sätze des Textes sind mir total unverständlich; was kann es nützen, wenn ich weiterlese?« Sind die Leser aber theologisch gebildet, so bekomme ich oft die spiegelbildliche Antwort: »Das hat aber kein theologisches Niveau; das ist unklare naive Gemeindetheologie« oder auch: »Aber in unserer Kirche gebraucht man diese Begriffe nicht« (z. B. »covenant«). In der Versammlung habe ich gesagt: »Diese theologischen Passagen sind in einer Sprache abgefaßt, die nur diejenigen verstehen, die dieser Belehrung nicht bedürfen.« Nun ist die subjektive Absicht dieser Passagen freilich auch nicht Belehrung, sondern Bekenntnis. Eben damit aber wird das Kommunikationsproblem deutlich.

Ich habe in Düsseldorf, 1985, als Herausforderung die Formel gebraucht, die Versammlung müsse »ein Wort sagen, das die Welt nicht überhören kann«. Dazu haben mir kirchliche Freunde kritisch gesagt: »Die Kirche muß nicht zur Welt sprechen, denn die Welt hört ihr nicht zu. Die Kirche muß sich selbst ins Gewissen reden. Sie kann nicht andere zu Werken auffordern, die sie selbst nicht tut.« Zu dieser Haltung passen in der Tat die Bekenntnisformeln.

Der Einwand ist stark, aber er hat mich nicht überzeugt. Gewiß soll man die Werke selber tun, zu denen man die Mitmenschen auffordert. Aber ist es nicht die größere Nächstenliebe, sich auch für diejenigen Mitmenschen verständlich zu äußern, um deren Wohl, ja um deren Überleben es in den Themen Gerechtigkeit, Friede, Bewahrung der Natur geht? Daß die Welt nicht zuhört, glaube ich nicht; nur hören intelligente Menschen kritisch zu. Und die Zeit drängt.

Zuletzt, in diesem Zusammenhang, eine anfangs scheinbar rein politische Frage. Nichtkirchliche Freunde fragen mich: »Warum wendest du dich ausgerechnet an die Kirche?« Ich antworte zunächst leichthin: »Ich habe mich an Wissenschaften, Politiker, an die Öffentlichkeit gewendet; warum nicht auch an die Kirche?« Ich kann auf dieser Linie fortfahren: »Es gibt viele notwendige, aber unpopuläre

Maßnahmen; man denke nur an die Umweltpolitik. Es gibt genug Politiker, die gerne das Richtige täten, wenn sie nicht wüßten, daß sie, gerade weil sie das Richtige tun, die nächste Wahl verlieren werden. Also muß die öffentliche Meinung aufgeweckt werden. Und die Kirche ist noch immer eine große soziale Gruppe.«

Aber damit endet die Antwort nicht. Als ich 1952 in Brasilien war, eingeladen, dort zu bleiben, sah ich mir natürlich das Land und auch die Kirche in ihm genau an. Die Kirche erschien mir beim Zusehen aber völlig belanglos. Sie gab den Armen den Trost kultischer Magie, den Reichen das gute Gewissen der privaten Innerlichkeit. 1986 kam ich wieder, und die Kirche war eine soziale Macht geworden. Denn die Befreiungstheologie hatte wiederentdeckt, daß Jesus zu den Armen gekommen ist, und hatte danach gehandelt. Wo ist Gerechtigkeit, Friede, Natur tiefer verstanden und einfacher ausgesagt worden als in den Reden und Handlungen von Jesus?

7

Bedingungen der Freiheit

Rede in Leipzig, Potsdam, Berlin und in Bratislava
im April 1990

1989 wird ein unvergeßliches Jahr bleiben. Sechs Völker der östlichen Hälfte Europas gingen den Weg der Revolution zur Freiheit. In fünfen der Staaten gelang dies, historisch beispiellos, gewaltfrei: in Ungarn, Polen, der DDR, der Tschechoslowakei, Bulgarien. In Rumänien siegte die Revolution über die blutige Gegenwehr des Herrschers. Nichts davon wäre möglich gewesen ohne die wissende Duldung der sowjetischen Führung. Nur in China unterlag die gewaltfreie Revolution noch, bis auf weiteres, den Waffen des Staates.

Dieser Weg zur Freiheit ist ein unvorhergesehenes, ein erschütterndes Geschenk. Er ist umwittert von fortdauernder großer Gefahr. Also stellt er Aufgaben. Von diesen Aufgaben möchte ich heute reden.

Die Aufgaben sind vielgestaltig. Ich werde alsbald sieben Problemkreise aufzählen, in denen aktuelle Aufgaben liegen. Jeder von uns erlebt die Aufgaben und leidet unter ihrer Ungelöstheit jeweils in den besonderen Problemkreisen, in denen sich sein Leben vor allem abspielt. Aber man muß erkennen, wie sie zusammenhängen. Diesen Zusammenhang zu schildern werde ich in einem kurzen Durchgang versuchen. Dies ist ein Wagnis. Es muß in einer Kette von Behauptungen geschehen, deren jede eines ganzen Vortrags zur Begründung bedürfte. Ich bin bereit, im Dialog die Behauptungen zu verteidigen oder zu lernen, daß sie falsch waren.

Die sieben Problemkreise, die ich nenne, gehen vom scheinbar Besonderen zum scheinbar Allgemeinen. Ich nenne sie

Bewußtsein
Gesellschaft
Wirtschaft
Umwelt
Nation
Kulturkreis
Menschheit

Ich erläutere kurz den Sinn dieser Gedankenkette.

Die europäische Revolution der Freiheit entstammt einem Wandel des *Bewußtseins*. Die Menschen haben erkannt, daß eine Ordnung der *Gesellschaft* ohne Freiheit nicht nur unwürdig, sondern auch ineffizient ist. Freiheit der *Wirtschaft* ist eines der großen Themen geworden. Löst aber die Wirtschaft des Markts die gesellschaftlichen Probleme? Vermag sie, als ein wichtiges Beispiel, der Zerstörung der *Umwelt* zu wehren? Gesellschafts-, Wirtschafts-, Umweltordnung werden innerhalb der *Nation* bestimmt. Aber die Nationen sind jeweils nicht allein in der Welt; unser eigener *Kulturkreis,* Europa, hat durch seine Kultur die *Menschheit* verwandelt. Wie begegnet die Menschheit den entstandenen Problemen? Sie bedarf eines Wandels des *Bewußtseins*. So schließt sich ein erstes Mal der Kreis.

In diesem Vortrag werde ich den Kreis nur einmal, und zwar in der umgekehrten Reihenfolge durchlaufen. Vom Rahmen, von den heute sichtbar werdenden Problemen der Menschheit beginnend, werde ich zu den Problemen unseres europäischen Kulturkreises, denen seiner Nationen, speziell der Umwelt, der Wirtschaft, der Gesellschaft bis zu den Vorbedingungen des Bewußtseinswandels der einzelnen Menschen, also auch jedes einzelnen von uns in diesem Saale fortschreiten.

I. Der Rahmen: die Menschheit

Die Menschheit als Ganze ist uns real ins Bewußtsein getreten, seit Kolumbus und Magellan die Europäer lehrten, die Kugel Erde zu umfahren, seit überlegene Technik den Nationen des europäischen Kulturkreises, zu dem heute auch Nordamerika gehört, eine zeitweilige militärische, eine noch fortdauernde ökonomische Weltherrschaft zu errichten gestattete. Die Zukunft dieser Menschheit erkennen wir heute als bedroht. Worin liegt das Problem? Ich habe schon zwei Stichworte genannt: Technik und Herrschaft. Beide lassen sich vom Begriff der Macht her erklären. Der Umgang mit Macht ist unser Problem.

Macht, wie ich das Wort heute gebrauche, möchte ich als ein Humanum erklären, eine besondere Fähigkeit des Menschen, der Spezies Homo sapiens, wobei sapiens nicht »weise« bedeutet, sondern »intellektuell wissend«. Macht definiere ich dann als Verfügung über Mittel für freigehaltene Zwecke. Mittel der Macht sind Vorräte, Geräte, Waffen, politische Verhaltensregeln, Gefolgschaften.

Soeben, vor vier Wochen, war ich auf einer christlichen Weltversammlung in Seoul (Korea) über die drei Themen: Gerechtigkeit, Friede, Bewahrung der Schöpfung. Das sind die drei großen Problemkreise der heutigen Menschheit im Umgang mit Macht. Ich gehe sie rasch, in umgekehrter Reihenfolge, durch.

Bewahrung der Schöpfung ist eine christliche Ausdrucksweise für das, was man sonst Schutz der Natur oder der Umwelt nennt. Die Technik gibt uns Macht über die Natur. Technik aber ist unreif, sie ist gefährlich, sie ist kindisch, sie ist untechnisch, wenn sie nur die Ziele ihrer Macht im Auge hat und nicht ihre Nebenwirkungen. Fossile, also organische, dem Leben entstammende Stoffe wie Kohle und Öl, die in Jahrhundertmillionen entstanden sind, in wenigen Jahrhunderten menschlicher Geschichte zu verbrennen, ist nicht nur eine absurde Vergeudung von Gütern; wir lernen heute auch, daß der daraus resultierende Treibhauseffekt in der Erdatmosphäre in wenigen Jahrzehnten vielleicht Hunderte von Millionen Menschen ihrer Heimat berauben wird. Schritte dagegen sind technisch und wirtschaftlich möglich; unter dem Titel »Umwelt« werde ich von ihnen sprechen. Was sie voraussetzen, ist die internationale Zusammenarbeit. Sie setzen, um möglich zu werden, den Frieden voraus.

Friede ist eine uralte Aufgabe der Menschheit. Krieg ist eine uralte Institution, eine durch die Technik der Waffen ermöglichte Form des Konfliktaustrags. Wenn es Konflikte zwischen Gesellschaften gibt, welche Waffen zu fertigen und zu gebrauchen verstehen, so sind Kriege, und, aus unvermeidlicher gegenseitiger Angst, stets wiederholte Rüstungswettläufe fast unvermeidlich. Konflikte wird es immer geben. Aber Krieg als Form des Konfliktaustrags ist keine Notwendigkeit, die in der Natur des Menschen läge. Als ich im Februar 1939, wie gleichzeitig wohl etwa 200 Kernphysiker auf der Welt erkannte, daß Atombomben möglich werden würden, sah ich auf die längere Frist nur die Wahl zwischen zwei Möglichkeiten: die Menschheit wird sich selbst vernichten oder sie wird die Institution des Kriegs überwinden. Noch heute sehe ich keine andere Wahl; und ich glaube noch nicht, daß die Selbstvernichtung unvermeidlich ist. In Europa ist man in der Frage des Friedens in den letzten fünf Jahren mit Grund optimistischer geworden; davon werde ich alsbald unter dem Titel des »Kulturkreises Europa« sprechen. Anders steht es im Süden der Menschheit.

Gerechtigkeit kann im heutigen politischen Sprachgebrauch wenigstens zweierlei bedeuten: Menschenrechte, also Freiheitsrechte des Individuums, oder soziale Gerechtigkeit. In der Sprache der Französischen Revolution also Freiheit oder Gleichheit. Von den Freiheitsrechten werde ich unter dem Titel »Gesellschaft« reden.

Soziale Gerechtigkeit, Überwindung der Armut, des Verhungerns, ist die unausweichliche, größte und am schwersten erfüllbare Forderung der heutigen Menschheit, zumal jener zwei Drittel der Menschen, die südlich des europäischen Kulturkreises leben. Wir in unserer europäischen Tagung, werden mit gutem Grund vor allem die uns bedrängenden inneren Fragen des europäischen Kulturkreises besprechen. Aber ich werde das Empfinden nicht los, daß die Lösung dieser innereuropäischen Fragen vor allem nötig ist, damit wir endlich unsere Kraft für das soziale Menschheitsproblem einsetzen können. Über die Struktur dieses Problems will ich ein paar Worte unter den Titeln Wirtschaft und Gesellschaft sagen. Aber das Pathos des Problems ist mir durch die soeben erlebte christliche Weltversammlung in Seoul wieder so nahegebracht worden, daß ich es hier andeuten möchte. Beherrschendes Thema dort war der schlechthin unstillbare Zorn der Vertreter des Südens über die ökonomische Diktatur des Nordens. Unser Wirtschaftssystem wurde als ein System der Sünde deklariert. Wenn ein Europäer dann meinte, soeben sei doch der Zusammenbruch des alternativen Systems, nämlich des Sozialismus, manifest geworden, war der Stimmungshintergrund der südlichen Antwort etwa der: »Wir wissen seit langem, daß die Russen auch nicht besser sind als die Amerikaner«. Dies spiegelt die wahren Fronten der heutigen Menschheit.

2. Kulturkreis Europa

Im Menschheitsrahmen ist heute noch wirtschaftlich, politisch, militärisch dominant zwar nicht mehr der geographische Kontinent Europa, aber der europäische Kulturkreis. Ich meine also nicht »Europa vom Atlantik bis zum Ural«. Der Ural ist ein innerrussisches Gebirge, der Atlantik war der Weg der erobernden Europäer nach Amerika und ist heute der am reichsten befahrene Kommunikationsweg. Ich meine eher »Europa von San Francisco bis Wladiwostok«. Kulturell gehört auch Südamerika dazu, machtpolitisch aber nicht.

Die Revolution der Freiheit von 1989 war im Kontinent Europa das wichtigste Ereignis seit 1945. Sie war, wie man nachträglich sieht, fällig, überreif, und doch hat niemand sie so vorausgesehen. Die sowjetische Führung hätte den Umsturz auch diesmal noch militärisch verhindern können. Warum hat sie es nicht getan?

Der Kulturkreis Europa war seit 1945 politisch dominiert vom Hegemoniekonflikt der beiden einzigen übrig gebliebenen Großmächte, USA und Sowjetunion. Unser aller Zukunft hing davon ab, daß dieser Konflikt nicht in Krieg umschlug. Diese Katastrophe ist bisher vermieden worden; wie ich meinen möchte, vor allem aus Angst vor der Atombombe. Aber der Konflikt brachte zwei große Übel: den Rüstungswettlauf und die Teilung Europas.

Der Rüstungswettlauf vereint und verewigt in sich drei Übel. Er vergeudet ökonomische Ressourcen, die zumal im östlichen Europa und im Süden der Erde dringend für das Wohl der Menschen gebraucht würden. Er bestätigt immer von neuem die gegenseitigen Feindbilder, hindert so die Verständigung. Und es ist nie gewiß, auch heute noch nicht, ob die immer neuen Waffentypen nicht einmal doch zum Ausbruch des Kriegs führen könnten.

Tiefer und bewußter gelitten aber haben wir alle, vor allem freilich die östliche Hälfte unseres Kontinents, unter der vierzigjährigen Teilung Europas, und unter der Unfreiheit, die nötig wurde, um die Teilung aufrechtzuerhalten.

Warum aber dieser Konflikt? Wollen wir ein Übel überwinden, so ist es wichtig, seine Ursachen zu verstehen.

Artikuliert hat sich der Konflikt als Gegensatz zweier Gesellschaftssysteme. Über die Realitäten dieses Gegensatzes werde ich nachher sprechen. Er war aber nicht der einzige Grund des Konflikts, der Kriegsgefahr. Der andere, vielleicht tiefere Grund war die uralte Figur des Kampfs zweier Hegemoniekandidaten in einem technisch zur Einheit heranreifenden Raum, wie einst zwischen Babylon und Assur, später zwischen Rom und Karthago. Solche Kämpfe sind eine Folge der unausweichlichen gegenseitigen Angst in einer Welt des Machtstrebens. Mir scheint, daß es im Konflikt der letzten 45 Jahre jeder der beiden Mächte willkommen war, durch den gesellschaftlichen Ideologiekonflikt ein einfaches, plausibles Feindbild aufrecht erhalten zu können. Die jetzige Wendung zum Besseren ist die Folge eines Siegs des gesunden Menschenverstandes bei der Führung in Moskau. Man sieht, daß der Kapitalismus nicht zusammenbricht; man sieht, daß der Krieg nicht geführt werden kann, daß die Rüstungskosten unerträglich sind, daß politische Ordnung ohne Freiheit sich selbst zugrunderichtet. Deshalb hat man 1989 die Revolution der Freiheit willig geduldet, die man 1968 noch militärisch erwürgte.

Was ist heute die Aufgabe? Ich möchte sie als die Wiedervereinigung Europas bezeichnen. Das muß heute heißen: Offene Grenzen; ungehinderte wirtschaftliche Zusammenarbeit mit einem Ziel, wie es heute im Binnenmarkt der EG angestrebt wird; politische Absprache und Zusammenarbeit mit dem Idealziel einer europäischen Konföderation. Dies könnte den Abbau der gegeneinander gerichteten Rüstungen zur Folge und zum Zeichen haben. Abrüstung ist nicht der Weg zum Frieden, sondern Friede ist der Weg zur Abrüstung. Denn die Ursache der Rüstung ist die gegenseitige Angst, und der Friede ist der Abbau der Angst. Gesicherter Friede von San Francisco bis Wladiwostok ist das Ziel der Wiedervereinigung Europas.

3. Nationen

Die Menschheit war politisch nicht immer in Nationen organisiert. Es gab Stämme, Städte, Fürstentümer, Imperien. Die Überzeugung, daß eine Nation einen einheitlichen und unabhängigen Staat besitzen solle, hat sich in Europa erst im 19. Jahrhundert allgemein durchgesetzt; ihr ist 1919 das Habsburgerreich zum Opfer gefallen. In den Vielstammes-

Staaten Afrikas ist heute noch »nation-building« ein Thema. Aber der Begriff der Nation ist heute unausweichlich. Die um des Weltfriedens willen in unserem Jahrhundert gegründete Organisation nennt sich »Vereinte Nationen«.

Die Revolution der Freiheit von 1989 erkämpfte zunächst die innere Freiheit in jeder der sechs Nationen. Alsbald aber nahm ihr innenpolitischer Sieg auch eine größere äußere Freiheit der Nation in Anspruch. Die Folgen hiervon bewegen heute ganz Europa.

Realpolitisch am wichtigsten ist die Frage, was dies für die Sowjetunion bedeutet.

Im 20. Jahrhundert sind alle über See gegründeten Kolonialreiche aufgelöst worden. Das von den Zaren über Land gegründete russische Kolonialreich ist das einzige, das noch besteht. Dazu kommen die europäischen Bündnispartner. Alle haben natürlichen Anlaß zum Wunsch nach Unabhängigkeit. Die islamischen Völker können nicht unberührt bleiben vom wiedererwachten Selbstgefühl des weltweiten Islam. Die christlichen Völker Kaukasiens haben ihre eigene leidvolle Geschichte nationaler Identität. Die baltischen Staaten wurden Sowjetrepubliken durch den inzwischen als illegal anerkannten Hitler-Stalin-Pakt. In der Teilung Europas durch die Sieger von 1945 ist keiner der sechs Staaten des Warschauer Pakts freiwillig russischer Verbündeter geworden, auch wenn die sowjetischen Armeen zunächst als Befreier von der Hitler-Herrschaft begrüßt wurden.

Der Kommunismus hat sich von jeher als international und als Befreier verstanden. Wer daran aufrichtig glaubte, konnte hoffen, die veralteten Nationalismen würden sich der größeren Idee der sozialistischen Vormacht beugen. Zuerst der Stalinismus und heute die offenkundige Krise des Systems haben die Nationalismen leidenschaftlicher als seit langem wieder erwachen lassen. Dies aber muß in der Sowjetunion als Bedrohung ihrer Existenz erfahren werden, und es ruft den alten russischen Nationalismus wach – wie ja immer sich Nationalismen gegnerisch aneinander entzünden.

Mein subjektives Empfinden wäre dieses: Rußland, von Leningrad bis Wladiwostok, befreit von allen nichtrussischen Nationen, wäre eine homogene handlungsfähige Nation, reicher vielleicht als jede andere Nation an natürlichen Schätzen, eine der bedeutendsten Nationen der Welt, mit glückhafter Prognose. Die anderen Nationen der Sowjetunion, freiwillig in die Freiheit entlassen, hätten eine natürliche Gravitation zu ihr als dem bedeutendsten Zentrum. Ein Commonwealth?

Mein subjektives Empfinden ist weiterhin, daß die kluge heutige sowjetische Führung auch dieses weiß, daß sie bisher aber nicht den Handlungsspielraum hatte, um diesem Wissen zu folgen. Nur ein durchschlagender wirtschaftlicher Erfolg würde ihr den Nimbus und die Macht geben, solchem Wissen gemäß zu handeln. Sie war bisher dazu verurteilt, die Einheit des Imperiums zu wahren. Wer, wie wir alle, auf den Erfolg dieser Regierung angewiesen ist, möge das bei seinen Handlungen und Forderungen bedenken.

In zweiter Linie bin ich, als Deutscher, Ihnen eine Bemerkung zum Problem Deutschlands schuldig.

Die DDR ist, wie sich heute zeigt, in einer Sonderrolle unter den sechs Nationen der Revolution der Freiheit: Es gibt zwei deutsche Staaten, aber nur eine deutsche Nation. Dies wurde in den letzten sieben Monaten zum immer erdrückenderen wirtschaftlichen Problem für die DDR. Sie verlor wichtigste Arbeitskräfte, die in die Bundesrepublik übersiedelten. Es bietet aber von jetzt an die Chance einer wirtschaftlichen Unterstützung durch Westdeutschland, wie sie bisher keiner anderen Nation des östlicheren Europa zur Verfügung steht. Die Revolution, zuerst von einer Minderheit aufopferungsvoll, idealistisch, zumal von der evangelischen Kirche zur Gewaltlosigkeit angehalten, hat durch ihren Sieg der breiten Masse eine Hoffnung auf Wohlstand eröffnet und hat so zum unwiderstehlichen Ruf nach Vereinigung beider deutschen Staaten geführt. Die Macht dieses Rufs macht heute allen unseren Nachbarn, aber auch vielen

Deutschen Sorge. Wenn ich, als Deutscher, in Deutschland darüber rede, muß ich eine andere Seite des Problems betonen, als wenn ich außerhalb Deutschlands spreche. Beides aber will ich hier aussprechen.

In Deutschland muß ich meine Landsleute daran erinnern, daß Hitler, noch kein halbes Jahrhundert nach seinem Untergang, in Europa nicht vergessen sein kann. Europa hat sich zweimal in einem Jahrhundert von deutschen Armeen überschwemmt gesehen. Kann Europa anders, als von einer neuen deutschen Einheit beunruhigt zu sein? Deshalb habe ich, seit 25 Jahren, die These vertreten, die Einigung Deutschlands könne nur eine Folge der Wiedervereinigung Europas sein. Heute ist das Problem, daß das Zusammenwachsen eines friedlich einigen Europa nicht so schnell geschieht wie eine Abfolge deutscher Parlamentswahlen.

Außerhalb Deutschlands darf ich sagen, daß es meiner festen Überzeugung nach einen zweiten Hitler nicht geben wird; diese Lektion wenigstens haben wir Deutschen gelernt, auch wenn es bei uns, wie in vielen Nationen, in gelegentlichen Wellen bis zu höchstens 10% rechtsradikaler Wähler gibt. Es fragt sich, wie Deutschland strukturell in eine heranreifende europäische Ordnung eingefügt werden kann. Das härteste Problem ist die Zugehörigkeit beider deutscher Staaten zu zwei bisher sich militärisch interpretierenden Pakten. Ein Traumbild darf man nennen: Beide Pakte werden heute mehr und mehr politische Gesprächskreise; könnte nicht der Tag kommen, an dem sie sich in einem einzigen Pakt zusammenschlössen? Soweit ist es heute nicht. Mein Freund Horst Afheldt, Jurist und politischer Analytiker, hat unlängst folgende völkerrechtliche Erwägung angestellt: Wenn beide deutsche Staaten sich zuerst zu einer Konföderation, dann zu einem Staat zusammenschließen, so sind sie damit rechtlich nicht aus ihren jeweiligen Bündnisverpflichtungen entlassen. Warum sollen sie den Verpflichtungen nicht treu bleiben? Man kann durchrechnen, daß dies in einem friedlich zusammenwachsenden Europa nicht zu widersprechenden Folgen führen muß und daß es das Zusammenwachsen fördern würde.

Sie werden verstehen, wenn ich in der Kürze eines Vortrags hier keine Details diskutiere.

4. Umwelt

Das friedliche Zusammenwachsen Europas bedarf nicht nur friedlicher Gesinnungen und rechtlicher Normen. Es bedarf aktiver, erfolgversprechender Kooperation. Als einfaches Beispiel eines Problemkreises, in dem diese Kooperation dringend notwendig und auch möglich ist, nenne ich den Umweltschutz. Und, um der Kürze willen, als einziges Beispiel der Umweltprobleme den Treibhauseffekt.

Wenn wir Kohle oder Öl, auch das etwas harmlosere Erdgas verbrennen, erzeugen wir Kohlendioxyd. Die Klimatologen belehren uns: Fahren wir damit noch einige Jahrzehnte im jetzigen Ausmaß fort, so erwärmen wir die Erdatmosphäre um durchschnittlich 5 Grad. Das ist derselbe Anstieg wie von der Eiszeit zur Gegenwart. Die Folgen wären: Ansteigen des Meeresspiegels, Wachstum der Wüsten, Verschiebung der Klimazonen; Heimatlosigkeit für Hunderte von Millionen Menschen. Um dem Effekt zu begegnen, müßten die Industrieländer in wenigen Jahrzehnten die Verbrennung auf ein Drittel des heutigen Ausmaßes reduzieren. In einer Marktwirtschaft wäre das noch ohne radikalen Konsumverzicht möglich, indem, am besten wohl durch eine ökologische Steuerreform, den energiesparenden Techniken und den erneuerbaren Energiequellen eine echte Marktchance gewährt würde. Im Weltmarkt stehen die Industrienationen miteinander in Konkurrenz. Sie müßten daher diese Maßnahmen durch internationale Vereinbarung beschließen.

Das Problem kommt unausweichlich auf uns zu. Wäre es nicht ein Musterbeispiel für den Entschluß zu echter Kooperation?

Soeben habe ich marktwirtschaftlich argumentiert. Damit komme ich zu einem der großen Themen der Revolution der Freiheit: der Forderung eines freien Markts. Sie ist bisher nicht unbeschränkt anerkannt. Hier bin ich genötigt, mit dem Sozialismus ins Gespräch zu kommen. Und ich suche dieses Gespräch gern; in allem bisher Gesagten habe ich es unterschwellig schon angesteuert. Als Kronzeugen werde ich dabei Karl Marx anrufen.

Die bürgerliche Revolution führte zur politischen Machtergreifung einer Klasse, die wirtschaftlich schon einen großen Teil der Macht in der Hand hatte. Marx nannte sie die Kapitalisten. Ihnen stand dienend, ausgebeutet, die Klasse gegenüber, die er das Proletariat nannte. Marx bekam in der Arbeiterbewegung dadurch eine geistig führende Rolle, daß er nicht wie die utopischen Sozialisten oder wie die südlichen Christen, von denen ich vorhin aus Seoul berichtet habe, diesen Zustand einfach moralisch verdammte und eine Umkehr forderte. Er unternahm eine rationale Analyse der Ursachen und Folgen. Von Hegels Geschichtsphilosophie ausgehend, lernte er die britische Theorie der Ökonomie des Marktes. Das Sein bestimmt das Bewußtsein. In jeder Geschichtsepoche hat nach Marx diejenige Klasse die Führung, deren reales Partikularinteresse mit dem in dieser Epoche realisierbaren Gesamtinteresse vereinbar ist. Dem patriarchalischen oder platonisierenden Anspruch des Feudalsystems oder des bürokratischen Absolutismus stellte schon Adam Smith eine egalitäre Erkenntnis entgegen, im Geist der damals herannahenden bürgerlichen Revolution: Der freie, transparente, von keinem einzelnen beherrschte Markt erzeugt ein Maximum an Gütern, weil er den Egoismus und damit den Fleiß und die Intelligenz von Millionen motiviert. Das ist die simple Wahrheit, die sich 1989 wieder gegenüber der schauerlichen Ineffizienz eines von neuem bürokratisch absolutistischen Systems durchgesetzt hat, eines Systems, dem es nichts genützt hat, daß es sich für sozialistisch hielt.

Nach Marx beginnt der vernünftige Sozialismus erst dort, wo man die Effizienz, aber auch das Versagen des kapitalistischen Markts verstanden hat, wo man also die Dialektik des historischen Prozesses sieht. Der Markt leistet, zum mindesten unter den historisch gegebenen Umständen, die Produktion der Güter optimal, aber nicht ihre gerechte Verteilung. Diese Analyse ist historisch immer wieder einmal unbestreitbar; sie war es in England, das Engels 1845 beschrieben hat, wie heute im Süden der Erde, auf dem Weltmarkt. Das Elend schreit nach Gerechtigkeit. Marx sah den historischen Ort der Gerechtigkeit in der klassenlosen Gesellschaft der Zukunft, und den Weg zu ihr in der proletarischen Revolution. Diese Zukunftserwartung von Marx hat sich nicht erfüllt. Niemals hat es seit Marx im europäischen Kulturkreis eine proletarische Revolution gegeben. Ob die chinesische Bauernrevolution von Mao diesen Namen verdienen würde, lasse ich offen. Die russische Oktoberrevolution von 1917 war ein Staatsstreich intellektueller Kader. Niemals seit Marx hat ferner eine Revolution eine klassenlose Gesellschaft geschaffen; sie schuf nach kurzer Zeit eine Klassenherrschaft von Funktionären oder aber führte zum bürgerlichen Zustand. Nur in der voll entwickelten kapitalistisch-bürgerlichen Gesellschaft hielt Marx die proletarische Revolution für möglich; schon deshalb konnte er auf das vorbürgerlich-feudale Rußland keine Hoffnung setzen. In keinem entwickelten kapitalistischen Land besteht heute aber überhaupt noch ein breites revolutionäres Potential. Die Arbeiterschaft ist dort aus einem proletarischen in einen kleinbürgerlichen Status übergegangen.

So hochmotiviert und so scharfsinnig die Analyse von Marx war, seine Prognose hat sich als falsch erwiesen. Warum? Dies zu verstehen, ist lebenswichtig für uns, angesichts des Elends im zusammengebrochenen »real existierenden Sozialismus« und vor allem im Süden.

Hier müssen wir nach den gesellschaftlichen Bedingungen für Freiheit und Gerechtigkeit fragen.

6. Gesellschaft

Man kann sehr einfach sagen, warum heute in keinem hochindustrialisierten marktwirtschaftlichen Land mehr ein breites revolutionäres Potential besteht: Die Arbeiterbewegung hat einen hierfür hinreichend großen Teil ihrer Ziele demokratisch durchgesetzt. Ermöglicht ist dies durch die ständig zunehmende Güterproduktion auf dem Markt. Herbeigeführt aber ist es durch die politische Freiheit, die den Armen Gelegenheit gab, sich zu organisieren. Der heutige westliche Sozialstaat ist die Folge des politischen Siegs der Gewerkschaften und der Sozialdemokratie. Sieg der Gewerkschaften: sie sind heute die mächtigen kapitalistischen Interessenvertreter der Arbeitnehmer. Sieg der Sozialdemokratie: alle konservativen Parteien haben deren wichtigste Programmpunkte in das eigene Programm übernommen. Man darf nur noch von sozialer Marktwirtschaft reden. In der Bundesrepublik Deutschland umfaßt das sogenannte Sozialbudget heute ungefähr 30% des Bruttosozialprodukts.

Hierzu muß ich aber drei Anmerkungen machen: eine grundsätzliche, eine rückblickende, eine vorausblickende.

Grundsätzlich: Freiheit ist die Bedingung dieser Fortschritte. Die bürgerliche Gesellschaft verwirklichte im 19. Jahrhundert, fortdauernd im 20., drei Freiheiten: die Freiheit der Person, die Freiheit im Gefüge des Staates, die Freiheit der Wirtschaft. Freiheit der Person heißt vor allem Freiheit der Meinungsäußerung, sie heißt auch Freiheit der Bewegung, der Orts- und Berufswahl. Freiheit im Gefüge des Staats bedeutet zweierlei: die Rechtsordnung, an die der Staatsbürger appellieren kann, und die Mehrheitsdemokratie, d. h. die Bestimmung der Regierung durch freie und geheime Wahlen. Freiheit der Wirtschaft bedeutet den freien Markt. Bedingung der übrigen Freiheiten ist dabei die Freiheit der Meinungsäußerung. Deshalb war Glasnost fundamental. Ich argumentiere hierfür zunächst rein utilitaristisch. Die moderne Gesellschaft ist zu kompliziert, als daß irgendeine herrschende Elite beanspruchen könnte, sie adäquat zu durchschauen. In meinem Beruf, der Wissenschaft, wird die Wahrheit erst in der Debatte bewährt. In der Politik ist es nicht anders. Eine Regierung, die Angst vor der öffentlichen Meinung ihrer Bevölkerung hat, weiß warum. Das gilt, obwohl oft genug in der Demokratie eine Regierung die Wahl verliert, gerade weil sie etwas Vernünftiges getan hat. Mehrheit beweist so wenig die Wahrheit einer Ansicht wie Herrschaft sie beweist. Eben darum: freie Debatte.

Rückblickend: Ich habe vom »Sieg der Sozialdemokratie« gesprochen. Das ist ein zweideutiges Wort. Das 19. Jahrhundert war in Europa erfüllt vom Kampf der Konservativen und der Liberalen. Schritt für Schritt setzten die Liberalen ihre Prinzipien durch. Ihr Sieg ist dadurch dokumentiert, daß die Konservativen heute die liberalen Prinzipien für ihre eigenen halten. Dies aber war das Ende der Größe der liberalen Parteien; ihre ursprünglichen Ziele sind bloß noch bewahrungswürdig geworden. In unserem Jahrhundert war dann die Sozialdemokratie die progressive Partei: Ihr Sieg ist heute ihr Problem. Auch ihre erreichten Ziele werden bewahrungswürdig, und in den letzten anderthalb Jahrzehnten hat sich im Westen die Volksgunst wieder mehr den konservativen Parteien zugewandt.

Vorausblickend: Und so viel bliebe doch zu tun! Auch in den reichen westlichen Industrienationen gibt es eine ständig wachsende marginalisierte Unterschicht; wer auf demokratische Mehrheitsbildung keinen hinreichenden Einfluß nehmen kann, geht allzu leicht leer aus. Im östlicheren Europa ist heute eine unermeßliche Aufbauarbeit zu leisten; die politische Stabilität der Sowjetunion und somit Europas hängt daran. Schließlich ist der Weltmarkt im Süden noch von frühkapitalistischer Wildheit. Und weltweit gibt es nicht einen umfassenden Rechtsstaat, an den man appellieren, in dem man demokratische Mehrheiten bilden könnte. Das Problem sozialer Gerechtigkeit ist weltweit schlechthin ungelöst.

7. Bewußtsein und Bewußtseinswandel

Das Thema unserer Tagung* heißt »Ethik und Politik«. Ich habe bis hierher vor allem politisch-analytisch gesprochen. Den ethischen Appell habe ich, wo er mir spontan kam, nicht vermieden; aber ich habe ihn nicht zum Thema gemacht. Lassen Sie mich auch dies, anschließend an das bisher Gesagte, zunächst analytisch angehen.

Ich illustriere die Frage zuerst am durchsichtigsten Beispiel, am Markt. Sein Prinzip ist das wahrhaftige Bekenntnis zum gesunden Egoismus der Marktteilnehmer. Jeder wird sein eigenes Interesse am besten verstehen, und so kommt das gemeinsame Interesse besser voran als unter jedem stets zur Lüge und Drückebergerei verführenden Staatsplan. Aber was der Markt nicht aus sich heraus produziert, was darum der Staat leisten muß, ist seit Adam Smith bekannt: Schutz des Friedens nach außen, Rechtsordnung im Innern, Infrastruktur. Wir müssen heute den Umweltschutz hinzufügen; auch die Begrenzung der Monopole. Jedoch noch etwas anderes setzt der Markt stillschweigend voraus: die nichtegoistischen Strukturen des Umgangs der Menschen untereinander in der kleinen Gesellschaft, in Familie, Freundschaft, Nachbarschaft. Wie unselig würden Kinder aufwachsen und darum später als Erwachsene handeln ohne das Urvertrauen, das ihnen die Mutterliebe mitgibt! Was ich gesunden Egoismus nannte, ist eine Haltung, die auch den legitimen Egoismus des Mitmenschen sieht, anerkennt und in sein eigenes Handeln einkalkuliert. Egoismus ohne aktive Wahr-

---

* In Bratislava.

nehmung des Mitmenschen ist schlicht töricht. Eine Gesellschaft kann nicht besser sein als die Fähigkeit der Menschen in ihr, einander wahrzunehmen und ernstzunehmen.

Wie aber kann der Staat das Geforderte leisten? Ich sagte, Meinungsfreiheit sei dazu notwendig. Auch ihr Wesenskern ist, daß sie den Menschen ermöglicht, wahrhaftig zu sein. Sie ermöglicht, daß Realitäten ausgesprochen und damit der Wahrnehmung zugänglich gemacht werden. Freiheit, die wir einander gewähren, ist im Sinne Kants Bedingung des gesellschaftlichen Daseins von Wahrheit. Kant formuliert das Prinzip der Ethik im Blick auf das menschliche Zusammenleben: »Handle so, daß die Maxime deines Willens jederzeit zugleich als Prinzip einer allgemeinen Gesetzgebung gelten könne.« Dies nennt er das »Grundgesetz der reinen praktischen Vernunft«. Vernunft heißt im Sinne dieser Philosophie nicht nur logisches Folgern, sondern Wahrnehmung eines Ganzen.

An dieser Stelle sollte sich der Kreis unserer Erwägungen zum erstenmal schließen. Ich wage die Behauptung: Unter den Aufgaben für Menschheit, Kulturkreis, Nationen, Umwelt, Wirtschaft, Gesellschaft ist keine, die nicht im Prinzip in gemeinsam betätigter Vernunft der Menschen gelöst werden könnte.

Aber kaum taucht ein so ungeheurer Anspruch in unseren Gedanken auf, so erkennen wir: Die heutige Bewußtseinslage der Menschheit ist zu solch vernünftigem Handeln nicht imstande. Warum? Welcher Bewußtseinswandel wäre nötig?

Ich weiß nur eine Antwort: Wahrnehmung der Vernunft bedarf eines tragenden Affektes, um zum entschlossenen Handeln zu führen. Für die Aufgaben der menschlichen Gemeinschaft weiß ich nur einen hinreichenden Namen für diesen Affekt, den alten Namen der Nächstenliebe.

Als Zuschauer von außen, freilich als tief engagierter Zuschauer habe ich mich gefragt: Wie war es möglich, daß diese Revolution der Freiheit gewaltlos siegen konnte? Es ist gewiß verständlich, daß ich den Vorgang in der DDR am genauesten verfolgt habe. Schlüsselereignis war dort wohl die Leipziger Demonstration am 9. Oktober 1989. Wie wurde das möglich? Viele Faktoren haben zusammengewirkt, viel Entschlossenheit, viel guter Wille. Aber zwei Faktoren haben sich unserem Blick als die stärksten aufgedrängt: die kluge Duldung aus Moskau und der unermüdliche, durchdachte Einsatz der Evangelischen Kirche. Analog in Polen, durch viele Jahre, der Einsatz der katholischen Kirche.

Diese Rolle der Kirche war kein Zufall. Wenn Kirche erkennt, was ihr Herr Jesus Christus von ihr gewollt hat, dann kann ihr die Kraft zuwachsen, so zu handeln. »Liebet eure Feinde, tut wohl denen, die euch hassen!« Wer das ernstnimmt, der ist auf dem Wege des notwendigen Bewußtseinswandels.

Ist dieser Bewußtseinswandel in Gang?

Oder wird er erst durch die Folgen unseres Versagens erzwungen werden?

Nachweise

1. Ansprache anläßlich der Überreichung des Theodor-Heuss-Preises in Stuttgart am 11. Februar 1989. Gedruckt in »Theodor-Heuss-Preis 1989« (Thoeodor-Heuss-Stiftung, Stockdorf).
Am Schluß der Ansprache sagte ich:
»So viel vom Grundsätzlichen. Ich ende, indem ich einen konkreten Auftrag erfülle. Der Theodor-Heuss-Stiftung steht ein sehr begrenzter Geldbetrag zur Verfügung; sie hat mich gebeten vorzuschlagen, wem er zugutekommen soll. Ich schlage drei Empfänger vor. In allen drei Fällen soll die Spende nur ein Beispiel setzen, um zu sagen, wo Spenden wichtig sind.
Der erste Empfänger sollte der Ökumenische Rat der Kirchen in Genf sein, zur Finanzierung seiner Weltversammlung in Seoul im Jahre 1990. Diese Finanzierung ist bis heute noch nicht gesichert. Ich wünschte, daß die wenigen Tausend Mark, die heute von der Stiftung gegeben werden können, den Anstoß zu einer großen Spendenaktion gäben.
Die beiden anderen Empfänger sind karitativ tätig für spezielle Aufgaben in der Dritten Welt. Man ist heute vielfach skeptisch gegen Entwicklungshilfe geworden. Kein Anlaß aber besteht zur Skepsis gegen persönlichen Einsatz für einzelne Personen oder Menschengruppen. Jeder einzelne von uns ist nur einer von fünf Milliarden Menschen, und das Gefühl der Machtlosigkeit gegenüber den Weltproblemen kann erdrückend werden. Aber wer am heutigen Tag etwas Kleines tut, was er wirklich tun kann, wird alsbald morgen wieder etwas entdecken, was er wirklich tun kann, und übermorgen etwas Drittes. Und er wird andere ermutigen, ebenso zu handeln. Fast zufällig habe ich zwei Empfänger ausgesucht, die so konkret handeln.
Das eine ist die Aktion Friedensdorf in Bonn, welche drei private Organisationen in Chile unterstützt, die sich um in Not geratene Kinder kümmern, in Not durch Armut und Arbeitslosigkeit oder auch durch politische Schicksale ihrer Angehörigen.

Der andere Empfänger ist eine Frau, die seit 19 Jahren an bis zu 200 Familien in Zimbabwe regelmäßig Pakete schickt, Frau Else Sterner in Immenstaad. Sie hat dafür das Bundesverdienstkreuz am Band erhalten, mit dem aber keine Beihilfe zu ihren Paketkosten verbunden ist.

Mit diesem Verweis auf konkretes menschliches Handeln möchte ich schließen.«

2. Abschlußansprache bei der Europäischen Ökumenischen Versammlung in Basel am 21. Mai 1989.

3. Ansprache bei der Annahme des Hansischen Goethe-Preises in Hamburg am 24. November 1989. Gedruckt in »Festschrift zur Verleihung des Hansischen Goethe-Preises 1989« der Stiftung F.V.S.

Am Anfang der Ansprache sagte ich:

»Heute möchte ich für die Zuerkennung des Hansischen Goethe-Preises danken. Und ich wage es durch eine inhaltlich vielleicht ein wenig unerwartete Rede zu tun.

Zuerst aber der direkte Dank. Als *hansischer* Preis freut er mich besonders, denn er erinnert mich an die vielleicht schönsten zwölf Jahre meines Lebens, die ich als Professor an der Hamburger Universität verbracht habe. Für 1957 hatte ich zwei Rufe: einen nach Hamburg und einen nach München. Ich habe Hamburg gewählt und habe es nie bereut. Was suchte ich? Ich suchte zunächst die Atmosphäre nüchterner Arbeit in dieser Kaufmannsstadt. Vielleicht suchte ich auch ein wenig die Türme, den Hafen, den sommerlichen Abendhimmel, welche alle mich an die seit zwei Kindheitsjahren geliebteste Stadt, an Kopenhagen, erinnerten. Und ich suchte das Gespräch mit Menschen, die von Beruf über Ozeane fortschauen. Meine Frau hat Hamburger Kaufleute unter ihren Vorfahren. Wir haben gefunden, was wir suchten.

Goethe-Preis. Worüber soll ich sprechen? Heute nicht über meine wissenschaftlich-philosophische Arbeit. Das wäre eine Zumutung. Über Goethe? Hier habe ich gezögert. Ich habe schon fast zu oft über Goethe gesprochen. Wes das Herz voll ist, geht der Mund über. Aber dann hatte ich einen Einfall.«

4. Vortrag bei der Verleihung des Ehrendoktors der Theologie in der Theologischen Fakultät der Universität Basel am 15. Dezember 1989. Gedruckt in »Religion und Gesellschaft« Nr. 20, 21. 12. 1989.

Am Anfang des Vortrags sagte ich:
»Theologie heute – mit einem Vortrag unter diesem Titel möchte ich der Theologischen Fakultät der Universität Basel meinen Dank abstatten für die große Ehre und die große Freude, die sie mir mit der Promotion zum Doktor der Theologie gebracht hat.

Aber zuerst der lokale Dank, die lokale Freude darüber, daß dies eben in Basel geschieht. 1922–1925, neun- bis zwölfjährig, bin ich in Basel in die Schule gegangen, zuerst ein Vierteljahr in die Schule der Basler Mission, dann drei Jahre in die Klassen 2 bis 4 des Unteren Gymnasiums. An Lehrer und Mitschüler erinnere ich mich genau. Hier habe ich angefangen, die für einen Philosophen wichtigste europäische Sprache, Griechisch, zu lernen. Und mit einer leisen topographischen Variante könnte ich meine freudige Erinnerung in Johann Peter Hebels Worte kleiden:

> Wie ne freie Spatz
> Uffem Münsterplatz,
> Nei wie wird mer da so wohl
> Wie'n im Buebekamisol –
> Uffem Münsterplatz.

Später, nach dem Krieg, war ich öfters zu Tagungen und Vorträgen in Basel zu Gast. Zuletzt in der Pfingstwoche dieses Jahres 1989 zu der europäischen ökumenischen Versammlung für Frieden in Gerechtigkeit, die ihr unerwartet gutes Gelingen, neben anderen Gründen, auch der warmen Gastfreundschaft der Stadt Basel verdankt. Noch einmal ein Erlebnis auf dem Münsterplatz. Und eine Versammlung, der ich wohl auch die heutige Ehre verdanke.

Nun zur Theologie.«

5. Aufsatz, in *Die Welt*, 24. Februar 1990

6. Aufsatz, in *Süddeutsche Zeitung,* 16. März 1990. Abgedruckt in »Unterwegs in Sachen Zukunft«, Hrsg. L. Coenen, Calwer-Kösel 1990.

7. Vortrag gehalten in Leipzig (andere Version), Potsdam, Berlin, Bratislava, 28. März – 5. April 1990.
In Bratislava sagte ich am Anfang des Vortrags:
»Verehrter Herr Präsident Havel! Meine Damen und Herren! ›Bedingungen der Freiheit‹ lautet das Thema meines Vortrags. Beginnen möchte ich den Vortrag mit einem Wort des Dankes und, wenn ich darf, der Ermutigung an unseren Gastgeber. Sie, Herr Havel, haben für die Freiheit gelitten, geschrieben, gekämpft, von neuem gelitten, und Sie erleben jetzt eine Phase der Hoffnung. In Ihrer Rede zur Verleihung des Friedenspreises des Deutschen Buchhandels im Oktober 1989, vor weniger als einem halben Jahr, der Rede, zu der Sie noch nicht die Erlaubnis der Reise bekamen, um sie persönlich zu halten – in dieser Rede über die schöpferische, verführerische, gefährliche Macht des Worts haben sie den Intellektuellen die Aufgabe zugeschrieben, das Mißtrauen gegen Worte wachzuhalten. Heute haben Sie eine Schar von Intellektuellen hierher nach Bratislava eingeladen, um Gedanken über Ethik und Politik auszutauschen. Ich habe mich gefragt, worüber im besonderen ich sprechen soll.«

Kritisch – Provokativ – Aktuell
im Carl Hanser Verlag

Alfred Grosser

Vernunft und Gewalt. Die Französische Revolution und das deutsche Grundgesetz heute
1989. 112 Seiten

Boris Groys

Gesamtkunstwerk Stalin. Die gespaltene Kultur in der Sowjetunion
1988. 136 Seiten

Bernd Guggenberger

Das Menschenrecht auf Irrtum. Anleitung zur Unvollkommenheit
1987. 172 Seiten

Bernd Guggenberger

Wenn uns die Arbeit ausgeht. Die aktuelle Diskussion um Arbeitszeitverkür-
zung, Einkommen und die Grenzen des Sozialstaats
1988. 174 Seiten

Hartmut von Hentig

Bibelarbeit. Verheißung und Verantwortung für unsere Welt
1988. 142 Seiten

Hartmut von Hentig

Was ist eine humane Schule?
1987. 128 Seiten

Matthias Horx

Die wilden Achtziger. Eine Zeitgeist-Reise durch die Bundesrepublik
1987. 166 Seiten

Matthias Horx

Aufstand im Schlaraffenland. Selbsterkenntnisse einer rebellischen Generation
1989. 216 Seiten

Peter Kafka

Das Grundgesetz vom Aufstieg. Vielfalt, Gemächlichkeit, Selbstorganisation:
Wege zum wirklichen Fortschritt
1989. 134 Seiten

Kritisch – Provokativ – Aktuell
im Carl Hanser Verlag

Christian Meier

Deutsche Einheit als Herausforderung. Zur Lage der Nation gestern – heute – morgen
1990. 120 Seiten

Klaus Michael Meyer-Abich

Aufstand für die Natur. Von der Umwelt zur Mitwelt
1990. 120 Seiten

Christian Schütze

Das Grundgesetz vom Niedergang. Arbeit ruiniert die Welt
1989. 102 Seiten

Christian Schütze

Besichtigung der Perestrojka. Eine Reise mit der Transsibirischen Eisenbahn
1990. 100 Seiten

Susan Sontag

Aids und seine Metaphern
1989. 100 Seiten

Christian Vogel

Vom Töten zum Mord. Das wirkliche Böse in der Evolutionsgeschichte
1989. 140 Seiten

Carl Friedrich von Weizsäcker

Die Zeit drängt. Eine Weltversammlung der Christen für Gerechtigkeit, Frieden und die Bewahrung der Schöpfung
1986. 120 Seiten